# 숫자로 배우는 어린이 SDGs

★ 지구가 어떤 상태에 있는지 알 수 있는 책 ★

스크린존에듀

## 들어가는 말

## 세계가 처한 현실을 모르면
## 더 좋은 세상으로 나아갈 수 없어!

　세계는 지금 '단 한 사람도 소외되지 않는 것'이라는 구호 아래 2030년까지 이루어 내야 할 17개의 목표, '지속가능발전목표(SDGs)'를 달성하려고 노력하고 있습니다. 하지만 달성하기까지 쉽지는 않답니다. 지금 세계에는 빈곤, 차별, 환경 파괴, 전쟁과 분쟁 같은 다양한 문제가 존재합니다.

　문제와 과제를 해결하기 위해서는 우선 세계에 어떤 문제와 과제가 있는지 확인하는 것이 중요합니다. 어떤 곳에 어떤 문제와 과제가 있는지, 어떤 일이 일어나고 있는지 모른다면 당연히 해결할 수 없기 때문입니다.

　'나만 괜찮으면 아무 문제 없어', '다른 나라에서 일어나는 일은 나랑 아무 상관 없어'라고 생각하는 친구도 있을지 몰라요. 하지만 사람이 혼자 살아갈 수 없듯 나라 역시 홀로 존재할 수 없답니다. 하늘과 바다가 연결되어 있듯 세계 여러 나라와 사람들은 서로 연결되어 있습니다. 우리나라 바다에 쓰레기를 버리면 다른 나라의 바다도 더럽히게 됩니다. 지구온난화의 원인이 되는 온실가스가 섞인 연기를 내보내면 다른 나라의 하늘도 오염되는 거예요. 우리나라는 식재료나 석유를 다른 나라에서 아주 많이 수입하고 있습니다. 또 우리 제품을 외국으로 수출해서 돈을 벌기도 하지요. 꼭 우리나라만 그런 것은 아니에요. 세계의 모든 나라와 그곳에 사는 사람들은 서로 협력하며 지구라는 하나의 별에 살고 있습니다.

　같은 학교에 다니는 친구가 어려움을 겪고 있다면 도와주고 싶다는 생각이 들 거예요. 그와 마찬가지로 어려움을 겪고 있는 나라가 있다면 도와주어야 합니다. 반대로 우리가 힘들어지면 도움을 청할 수도 있어요. 인류 공통의 목표

인 SDGs는 '단 한 사람도 소외되지 않는 것'이 중요하답니다.

  이 책을 읽으면 지금 지구는 바람직하지 못하다는 것을 알게 될 거예요. 눈을 돌려버리고 싶은 현실도 있을지 몰라요. 그래도 그 모습을 똑바로 바라보아야 해요. 보고도 보지 않은 척하면 더 나쁜 일이 일어납니다. 바람직한 세계를 만들기 위해서는 다양한 문제와 과제를 알고, 그에 대해 생각해야 합니다. 주위 사람들과 이야기를 나누고 해결하기 위한 행동을 시작해야 해요. 현재와 미래의 세계를 바꾸려고 노력하는 사람이 되어야 합니다. 지금 지구가 놓여 있는 상황은 매우 위태로워서 이대로 아무것도 하지 않으면 미래의 지구는 상상하기 어려울 정도예요. 하지만 이제라도 행동하기 시작한다면 우리가 어른이 되었을 때 세계는 지금보다 나아져 있을 거예요.

# SDGs란?

**지속가능발전목표**

2030년까지 달성 약속한 인류 공동의 17개 목표

 **목표 1** 빈곤층 감소와 사회안전망 강화

 **목표 2** 식량안보 및 지속가능한 농업 강화

 **목표 3** 건강하고 행복한 삶 보장

 **목표 4** 모두를 위한 양질의 교육

 **목표 5** 성평등 보장

 **목표 6** 건강하고 안전한 물관리

 **목표 7** 에너지의 친환경적 생산과 소비

 **목표 8** 좋은 일자리 확대와 경제성장

 **목표 9** 산업의 성장과 혁신 활성화 및 사회기반시설 구축

 **목표 10** 모든 종류의 불평등 해소

 **목표 11** 지속가능한 도시와 주거지 조성

 **목표 12** 지속가능한 생산과 소비

 **목표 13** 기후변화와 대응

 **목표 14** 해양생태계 보전

 **목표 15** 육상생태계 보전

 **목표 16** 평화·정의·포용

 **목표 17** 지구촌 협력 강화

출처: 지속가능발전포털(http://www.ncsd.go.kr)

## '지속가능발전목표'의 3요소

- **환경 보호**: 환경을 지키는 것
- **지속가능한 발전**
- **경제 개발**: 경제 활동을 통해 부와 가치를 만들어 내는 것
- **사회적 통합**: 사회적으로 취약한 사람까지 한 사람 한 사람의 인권을 존중하는 것

    빈곤, 인종 차별, 환경 파괴 등 지구에서 일어나는 문제를 해결하기 위해 '단 한 사람도 소외되지 않는 것'이라는 공동 이념 아래 유엔이 정한 국제 목표를 '지속가능발전목표(SDGs, Sustainable Development Goals)'라고 하고 2030년까지 달성하기 위해 노력하고 있습니다. 왼쪽 페이지를 보면 알 수 있듯 목표 1. '빈곤층 감소와 사회안전망 강화'나 목표 2. '식량안보 및 지속가능한 농업 강화'와 같은 목표 17개가 정해져 있어요. '빈곤층 감소와 사회안전망 강화'가 목표가 된 것은 곧 '없애야 할 빈곤'이 존재한다는 뜻이에요. 이처럼 17개의 목표는 지금 지구에 그만큼 문제가 있다는 것을 말해 준답니다. (자세한 내용은 부록 참고)

    SDGs는 '환경 보호', '사회적 통합', '경제 개발'이라는 3요소가 어우러져야 이룰 수 있답니다. 간단히 말해 환경을 지키고 모든 사람의 인권을 존중하며 경제를 성장시켜 '단 한 사람도 소외되지 않고' 행복하게 살 수 있는 세계를 만들자는 거예요.

【차례】

들어가는 말 ·················································································· 2

SDGs란? ···················································································· 4

## 제 1 장

## 코로나19가 세계에 미친 영향을 알아보자

1  코로나19 때문에 높아지는 빈곤율! 최대 1억 5,000만 명 증가? ·············· 12

2  '불평등을 부르는 바이러스', 빈부 격차를 더욱 확대시켰다! ·············· 14

3  코로나19로 학교에 가지 못하게 된 어린이가 1억 6,800만 명이나 있다 ·············· 16

4  '아동결혼'을 강요당하는 여자 어린이가 1,000만 명이나 늘어날지도 몰라! ·············· 18

5  아시아계 시민에 대한 인종차별과 폭력이 2.5배나 늘었다! ·············· 20

6  일본에서는 여성과 어린이에 대한 가정폭력이 1.5배 늘어났다! ·············· 22

7  인도에서는 PM2.5가 40~70%나 감소해 파란 하늘이 돌아왔다! ·············· 24

8  인플루엔자가 줄었다! 인플루엔자 환자가 80% 이상 감소! ·············· 26

COLUMN
● 어린이를 지키는 유엔기구 '유니세프' ·············· 28

## 제 2 장

### 퀴즈를 풀며 세계의 지금 모습을 이해하자

1. 하루 2,000원 미만으로 살아야 하는 어린이가 전 세계에 몇 명이나 있을까? ……… **30**
2. 집에 화장실이 없어서 밖에서 볼일 보는 사람은 전 세계에 몇 명이나 있을까? ……… **32**
3. 학교에 가지 못하고 일하는 어린이는 전 세계에 몇 명이나 있을까? ……… **34**
4. 읽고 쓸 수 없는 16~25세 청년은 전 세계에 얼마나 있을까? ……… **36**
5. 멸종 위기에 처한 생물은 얼마나 있을까? ……… **38**
6. 우리나라 국회의원 중 여성의 비율은 몇 %나 될까? ……… **40**
7. 1990~2020년 사이 세계의 숲은 얼마나 사라졌을까? ……… **42**

COLUMN
- 국제 인도주의 의료 구호단체 '국경없는의사회' ……… **44**

## 제 3 장

### '생활'의 진짜 모습을 숫자로 확인하자

1. 세계 인구의 약 40%에 해당하는 30억 명이 집에서 손을 씻을 수 없다! ……… **46**
2. 깨끗한 물을 쓸 수 없는 사람이 21억 8,500만 명이나 있어 ……… **48**

【차례】

| 3 | 전기 없이 생활하는 사람이 7억 8,900만 명이나 있어 ………… | 50 |
| 4 | 음식이 모자라 굶주린 사람이 8억 2,100만 명이나 있어 ………… | 52 |
| 5 | 매일 민간인 100명이 분쟁으로 목숨을 잃고, 8명 중 1명은 어린이다! ……… | 54 |
| 6 | 분쟁이나 박해 때문에 고향에서 쫓겨난 사람이 7,950만 명이나 있다! ……… | 56 |
| 7 | 개발도상국 의료 시설 중 4분의 1은 전기가 들어오지 않아! ………… | 58 |
| 8 | 줄어드는 살인 발생률, 하지만 여전히 연간 44만 명이 희생된다! ……… | 60 |
| 9 | 현대판 노예제의 희생자는 적어도 4,030만 명! ………… | 62 |
| 10 | 후발개발도상국에서 인터넷을 사용할 수 있는 사람은 19.5%뿐! ……… | 64 |

COLUMN
- 난민을 지원하는 '유엔난민기구' ………… 66

## 제 4 장

## '차별'과 '격차'의 현실을 숫자로 알아보자

| 1 | 코로나19 백신 접종에도 나라마다 차이가 있다! ………… | 68 |
| 2 | 우리나라의 성격차지수는 156개 나라 중 102위 ………… | 70 |
| 3 | 약 3명 중 1명의 여성이 배우자나 연인에서 폭행당한 경험이 있다! ……… | 72 |
| 4 | 전 세계 10억 명의 어린이가 폭력 피해 경험이 있어 ………… | 74 |
| 5 | 연간 1,200만 명의 여자 어린이가 16세 전에 결혼한다 ………… | 76 |
| 6 | 우리나라 어린이 7명 중 1명은 상대적 빈곤을 겪고 있다 ………… | 78 |

| 7 | 빈부 격차는 벌어지고 있다! 우리나라의 경제 격차도 크다 | 80 |
| 8 | 세계 어린이 12명 중 1명은 초등학교에 다니지 못한다! | 82 |
| 9 | 장애인 10명 중 3명은 차별을 경험한다 | 84 |

COLUMN
- 유엔의 식량원조기구 '유엔세계식량계획' ········· 86

## 제 5 장

## '환경'의 현실을 숫자로 알아보자

| 1 | 이대로 가면 지구의 기온은 2100년까지 최대 3.2℃ 상승한다 | 88 |
| 2 | 2050년에는 해양 플라스틱의 양이 바다에 있는 물고기보다 많아진다고? | 90 |
| 3 | 한국의 재생에너지 비율은 6.5%로 세계 최저 수준 | 92 |
| 4 | 세계에서 발생하는 전자 폐기물은 1인당 연간 7.3kg | 94 |
| 5 | 대기 오염으로 인한 조기 사망자가 2016년 420만 명! | 96 |
| 6 | 13.8%의 음식이 소비자에게 도착하기도 전에 버려진다! | 98 |
| 7 | 2030년까지 물 부족으로 살 곳을 잃는 사람이 7억 명 | 100 |
| 8 | 환경 문제에 관심이 있는 우리나라 사람은 78.6% | 102 |

COLUMN
- 환경 분야를 다루는 중심 기구 '유엔환경계획' ········· 104

### 【차례】

**[부록] SDGs의 17개 목표를 더 자세히 알아보자**

| | |
|---|---|
| SDGs의 17개 목표를 더 자세히 알아보자 | 106 |
| **목표 1**── 빈곤층 감소와 사회안전망 강화 | 108 |
| **목표 2**── 식량안보 및 지속가능한 농업 강화 | 110 |
| **목표 3**── 건강하고 행복한 삶 보장 | 112 |
| **목표 4**── 모두를 위한 양질의 교육 | 114 |
| **목표 5**── 성평등 보장 | 116 |
| **목표 6**── 건강하고 안전한 물관리 | 118 |
| **목표 7**── 에너지의 친환경적 생산과 소비 | 120 |
| **목표 8**── 좋은 일자리 확대와 경제성장 | 122 |
| **목표 9**── 산업의 성장과 혁신 활성화 및 사회기반시설 구축 | 124 |
| **목표 10**── 모든 종류의 불평등 해소 | 126 |
| **목표 11**── 지속가능한 도시와 주거지 조성 | 128 |
| **목표 12**── 지속가능한 생산과 소비 | 130 |
| **목표 13**── 기후변화와 대응 | 132 |
| **목표 14**── 해양생태계 보전 | 134 |
| **목표 15**── 육상생태계 보전 | 136 |
| **목표 16**── 평화·정의·포용 | 138 |
| **목표 17**── 지구촌 협력 강화 | 140 |
| ● 색인 | 143 |

# 제 1 장

## 코로나19가 세계에 미친 영향을 알아보자 ≫

# 1

# 코로나19 때문에 높아지는 빈곤율! 최대 1억 5,000만 명 증가?

● 코로나19 발생 전 '심각한 빈곤' 예상치

코로나19 전에는 계속 감소할 것으로 예상되었다!

(2010년 15.7 → 2015년 10.0 → 2019년 8.2 → 2020년 예상 7.7 → 2021년 예상 7.4)

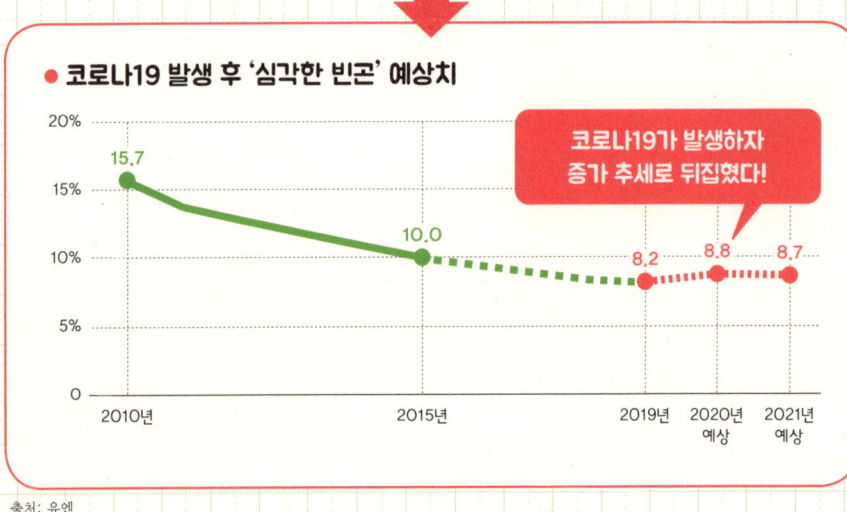

● 코로나19 발생 후 '심각한 빈곤' 예상치

코로나19가 발생하자 증가 추세로 뒤집혔다!

(2010년 15.7 → 2015년 10.0 → 2019년 8.2 → 2020년 예상 8.8 → 2021년 예상 8.7)

출처: 유엔

## ★ 줄어들던 빈곤층이 늘어났다!

코로나바이러스감염증-19(이하 코로나19)가 널리 퍼지면서 친구와 자유롭게 놀 수 없게 되었어요. 많은 행사가 중지되고 학교가 문을 닫기도 했지요. 재미있는 일이 사라져 버린 친구들도 많을 거예요.

어른들도 큰일입니다. 회사에 가지 않고 집에서 재택근무를 하는 사람이 늘어났어요. 음식점은 문을 닫아야 했고 여행을 다니는 사람도 부쩍 줄었답니다. 일자리를 잃은 사람도 많아요.

이런 일이 우리나라뿐 아니라 전 세계에서 일어나고 있어요. 2021년 4월 기준으로 전 세계의 감염자 수는 우리나라 인구의 몇 배에 이르는 1억 5,200만 명입니다. 약 320만 명이 목숨을 잃었어요. 만약 가족 중 누군가가 코로나 때문에 죽거나 부모님이 일자리를 잃는다면…. 그런 일이 생기면 지금 여러분이 누리는 생활을 이어가기 힘들 거예요.

세계에는 하루에 쓸 수 있는 생활비가 1.90달러(약 2,000원) 이하인 심각한 빈곤 상태에 빠져 있는 '극빈층'에 속하는 사람이 많이 있습니다. 코로나19 전에는 이 극빈층이 조금씩 줄어들고 있었어요. 하지만 코로나19는 취약한 사람에게 더 나쁜 영향을 미쳤지요. 코로나19 때문에 극빈층에 속하는 사람이 늘어날 거라고 해요. 2021년에만 많게는 1억 5,000만 명이 증가할 수 있다고 예측되고 있어요.

> **알아두어야 할 개념**
>
> **극빈층**
>
> 전 세계의 빈곤층을 정확히 파악하기 위해 세계 각지의 최신 물가 데이터에 바탕을 둔 '국제 빈곤 기준선'이 정해져 있습니다. 2015년부터는 '하루 1.90달러(약 2,000원)'가 그 기준이 되었어요. 이 국제 빈곤 기준선에 못 미치는 생활을 하는 사람들을 '심각한 빈곤'에 빠져 있는 '극빈층'이라고 합니다.

## 2

## '불평등을 부르는 바이러스', 빈부 격차를 더욱 **확대**시켰다!

● 코로나19가 발생하기 전 부유층과 극빈층

● 코로나19 발생 10개월 후 부유층과 극빈층

출처: Oxfam International 「The Inequality Virus」

## ★ 코로나19는 가난한 사람에게 더 큰 피해를 준다

코로나19의 영향을 모두 똑같이 받은 것은 아니에요. 코로나19는 '불평등 바이러스'라고 할 수 있어요. 2021년 1월, 국제 구호개발기구 옥스팜(Oxfam)이 발표한 보고서에 따르면 코로나19가 가져온 위기로 빈부의 차는 더욱 벌어졌습니다. 부유층은 더욱 부를 늘렸지만, 전 세계의 극빈층은 한층 더 가난해졌다는 것이 밝혀졌어요.

10억 달러(약 1조 2,000억 원) 이상의 자산을 가진 부유층이 2020년 2월 시점에 보유한 자산을 '100'이라고 두었을 때, 전 세계로 감염이 퍼졌던 2020년 3월에는 그 숫자가 '70.3'까지 떨어졌어요. 하지만 같은 해 10월이 되자 '99.9'가 되어 원래 수준까지 회복됐어요. 세계 최대의 온라인 쇼핑몰 아마존의 창업자인 제프 베이조스나 전기차로 유명한 테슬라의 창업자 일론 머스크, 루이비통과 불가리 등 70개 이상의 명품 브랜드를 가진 LVMH 그룹의 경영자인 베르나르 아르노 등 열 손가락 안에 꼽히는 세계적인 부호들은 5,400억 달러(약 652조 원)나 재산이 늘어났다고 해요. 한편 세계에서 가장 가난한 사람들이 예전과 같은 생활을 되찾기 위해서는 10년이 넘게 걸릴 거예요.

코로나19는 가난한 사람을 더욱 힘들게 하며 '불평등'을 확대시키는 특징을 가지고 있습니다.

### DATA

**다섯 손가락 안에 드는 세계의 부호들**
(2021년 3월 말 기준)

세계 1위 부호는 아마존의 창업자 제프 베이조스입니다. 자산은 1,816억 달러(약 219조 원)로, 대부분 주식이고 현금은 아니랍니다.

| 순위 | 이름 | 자산액 |
|---|---|---|
| 1위 | 제프 베이조스(미국) | 219조 원 |
| 2위 | 일론 머스크(미국) | 190조 원 |
| 3위 | 베르나르 아르노(프랑스) | 186조 원 |
| 4위 | 빌 게이츠(미국) | 146조 원 |
| 5위 | 마크 주커버그(미국) | 123조 원 |

출처: Forbes 「THE WORLD'S REAL-TIME BILLIONAIRES」

# 3

# 코로나19로
# 학교에 가지 못하게 된 어린이가
# 1억 6,800만 명이나 있다

● 코로나 전에는 많은 아이들이 교실에 있었다

● 1년이 지났지만 아무도 교실에 돌아오지 못한 나라도 있다

## ★ 중남미에서는 평균 휴교일이 무려 158일!

코로나19 기세가 강해지거나 확진자가 많아지면서 갑자기 학교에 못 가게 된 경험이 있을 거예요. 그러다 온라인 수업이 시작되었고, 코로나19 상황이 나아지면서 다시 등교할 수 있게 되었습니다. 그렇게 조금씩 일상으로 되돌아가고 있습니다.

하지만 세계에는 여전히 학교에 다니지 못하는 어린이가 많이 있어요. 유니세프(UNICEF, 유엔아동기금)에 따르면 2020년 3월부터 2021년 2월까지 약 1년 동안 전 세계에서 1억 6,800만 명이 넘는 어린이가 학교에 가지 못했다고 합니다. 그중 3분의 2는 중남미 국가에 몰려 있으며 특히 파나마는 211일이나 휴교해서 세계에서 가장 길게 휴교한 나라가 되었습니다. 우리나라처럼 일시적으로 학교에 가지 못한 경우도 포함하면 3억 명 이상의 어린이가 코로나19의 영향을 받은 셈입니다.

온라인 수업용 기기나 인터넷 환경을 준비할 수 없는 사람도 있으니까 모든 어린이가 온라인 수업을 받을 수 있었던 것도 아니랍니다. 또 휴교 기간이 길어지면서 300만 명이나 되는 가난한 가정의 어린이들은 학교를 그만둘 가능성도 있다고 해요. 가난한 가정의 아이들이 공부할 기회를 잃게 되면 그 아이들이 어른이 되었을 때 가난을 물려받을 가능성도 커집니다.

### 알아두어야 할 개념

**UNICEF(유엔아동기금)**

1946년에 설립된 유엔의 상설기구이며 본부는 뉴욕에 있어요. '유니세프'라고도 불리며 개발도상국 어린이를 위한 원조를 실시하며 각 나라 정부의 지원금, 민간단체와 개인의 기부금으로 활동 자금을 마련하고 있어요. 1965년에는 노벨평화상을 수상하기도 했어요.

# 4

# '아동결혼'을 강요당하는 여자 어린이가 1,000만 명이나 늘어날지도 몰라!

● 아동결혼을 할 이유가 없던 아이였는데…

● 코로나19 이후 아동결혼으로 내몰리는 여자 어린이가 늘어날 가능성이 크다

## ★ 초등학교 다닐 나이에 결혼하는 여자 어린이도 있다!

　　SDGs가 내건 목표 5. '성평등 보장'에는 미성년자의 결혼을 없애려는 노력이 포함되어 있어요. 19세가 되기 전에 결혼하는 것을 '아동결혼'이라고 해요. 유니세프는 아동결혼을 강요당하는 여자 어린이가 2020년부터 2030년까지 10년 동안 약 1억 명에 이를 것이라고 예측했어요. 하지만 2021년 3월 코로나19의 영향으로 1,000만 명이 더 늘어날 우려가 있다고 발표했습니다.

　　가난한 가정의 여자 어린이가 자기 의사와 관계없이 만난 적도 없는 사람과 억지로 결혼하는 일이 아동결혼에서는 흔해요. 9살인데 29살 남자와 결혼하기도 하지요. 만 18세가 되어야 부모님의 동의를 받고 결혼할 수 있는 우리나라에서는 상상할 수도 없는 일입니다.

　　코로나19가 발생하기 전부터 생활이 어려웠던 가난한 사람들은 코로나19의 영향으로 일자리를 잃는 등 더욱 큰 괴로움을 견뎌야 했어요. 그런 와중에 '입'을 줄이기 위해 부모가 여자 어린이를 팔아 버리는 일이 늘고 있습니다. 아동결혼은 대부분 가난과 깊은 관계가 있어요. 아동결혼을 강요당한 여자 어린이는 임신하여 학교에 다닐 수 없게 되거나 폭력에 노출되기도 하지요. 결혼 후에도 많은 어려움에 부딪히게 됩니다.

### 알아두어야 할 개념

**아동결혼**

두 사람 중 누군가 만 18세 미만인 상태에서 하는 결혼을 말해요. 남아시아나 아프리카 등지에서는 경제적인 이유나 사회적 관습 때문에 아직 만 18세가 안된 여성들이 결혼을 강요당하는 일이 많아요. 어린 나이에 결혼한 여성은 교육받을 기회를 빼앗기거나 폭력, 학대 같은 인권 침해를 겪을 위험이 있어요. 또, 임신과 출산으로 생명을 잃을 가능성도 크기 때문에 문제시되고 있습니다.

# 5

# 아시아계 시민에 대한 인종차별과 폭력이 2.5배나 늘었다!

- 코로나19 전에는 심각한 차별을 받은 적이 없었는데…

- 코로나19 이후 유럽과 미국에서 아시아계 시민에 대한 차별과 폭력이 증가했다

## ★ 미국에서 드러난 아시아계 차별

안타까운 일이지만 코로나19가 발생하고, 유럽이나 미국에서는 아시아인이나 아시아에 뿌리를 둔 사람에 대한 인종 차별과 폭력이 늘었지요. 그 원인 중 하나는 처음 코로나19가 퍼지기 시작한 곳이 중국 우한이기 때문이에요. 당시 미국 대통령이던 도널드 트럼프 전 대통령이 '중국 바이러스'라는 발언을 반복한 것도 영향을 미쳤을지 몰라요. "코로나19는 중국 때문에 생겨났다!"며 중국계 시민을 나쁘게 보는 사람이 늘어난 거예요.

우리가 미국 사람과 프랑스 사람을 구분하기 어려운 것처럼 유럽이나 미국 사람들 역시 중국 사람과 한국 사람, 베트남 사람을 잘 구분하지 못해요. 그 결과 중국계 시민뿐 아니라 다른 아시아계 시민에게도 난폭한 말을 퍼붓거나 폭력을 휘두르는 사람이 늘어났어요. 2021년 3월에는 미국 애틀랜타에서 6명의 아시아계 시민이 총을 맞고 사망하는 사건도 일어났어요. 미국 주요 16개 도시에서는 2020년에 아시아계 시민에 대한 증오범죄(hate crime)가 그 전 해와 비교해 2.5배나 증가했다고 해요.

차별과 폭력은 아무런 문제도 해결해 주지 않아요. 인간으로서 부끄러워해야 할 행동이지요. SDGs의 목표 17은 '지구촌 협력 강화'랍니다. 이런 때일수록 전 세계가 협력 관계(파트너십)를 강화해 차별과 폭력에 맞서야 할 거예요.

> **DATA**
> **미국에서 크게 늘고 있는 아시아계 시민에 대한 차별**
>
> 2020년 미국 주요 16개 도시의 증오범죄는 전년과 비교해 줄었지만, 아시아계 시민에 대한 증오범죄만 따지면 약 2.5배 증가했습니다.

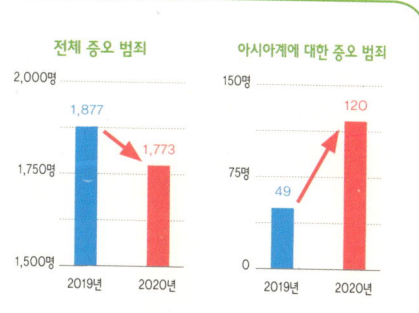

출처: California State University, San Bernardino 「FACT SHEET: Anti-Asian Prejudice March 2021」

# 6

# 일본에서는 여성과 어린이에 대한 가정폭력이 1.5배 늘어났다!

● 코로나19 이전에도 가정폭력은 있었지만…

일본의 '코로나 이전' 가정 폭력/기간 내 상담 건수 ➡ 11만 251건

| 2019년 4월 | 5월 | 6월 | 7월 | 8월 | 9월 | 10월 | 11월 | 12월 | 2020년 1월 |
|---|---|---|---|---|---|---|---|---|---|
| 10,461 | 11,150 | 10,889 | 12,184 | 11,123 | 11,367 | 11,639 | 10,938 | 10,054 | 10,446 |

● 코로나19 후 가정폭력이 크게 늘었다!

일본의 '코로나 이후' 가정 폭력/기간 내 상담 건수 ➡ 16만 2,241건

**1.5배**

| 2020년 4월 | 5월 | 6월 | 7월 | 8월 | 9월 | 10월 | 11월 | 12월 | 2021년 1월 |
|---|---|---|---|---|---|---|---|---|---|
| 15,172 | 17,576 | 18,013 | 16,753 | 16,006 | 15,786 | 17,487 | 15,586 | 14,916 | 14,946 |

출처: 일본 내각부 남녀공동참획국

## ★ 전 세계적으로 코로나 이후 가정폭력이 늘었다

2020년 4월 유엔 사무총장인 안토니오 구테흐스는 가정폭력이 세계적으로 증가하고 있는 상황에 우려를 표하는 성명을 발표했어요. 코로나19의 영향으로 집에 있는 시간이 늘어나며 가족의 소중함을 느끼게 된 사람도 있을 거예요. 하지만 가정폭력에 고통받는 사람도 크게 늘고 있습니다.

예전부터 여성이나 어린이에 대한 폭력은 큰 문제였지만, 코로나19가 퍼지고 나자 일자리를 잃은 가장이 아내나 아이에게 폭력을 행사하는 일이 세계적으로 늘어났어요. 많은 나라에서 외출이 금지되거나 제한되면서 가정폭력에 노출된 사람들이 그들을 피해 도망갈 곳을 잃은 것도 상황을 나쁘게 만드는 한 원인이에요.

우리나라도 예외는 아니에요. 보건복지부의 '아동 학대 통계'에 따르면 2020년 아동 학대 신고 접수는 2.1% 늘어나 증가폭은 낮았지만 가해자가 부모인 경우(82.1%)는 2012년 이후 가장 높았습니다. 게다가 학대로 사망한 아동은 43명으로 아동 학대를 공식 집계한 2001년 이래 가장 많았어요.

만약 불행히도 가정폭력에 시달리고 있다면 폭력이 더 심해지기 전에 가까운 경찰서나 주위의 어른들에게 도움을 구해야 해요. 도와줄 사람이 반드시 있으니까요.

출처: 한국일보 '가족폭력과 코로나 시대의 역설'(2021.09.02.)

### 알아두어야 할 개념

**가정폭력**

배우자에 의한 폭력, 부모에 의한 폭력 등 가정에서 일어나는 폭력을 가리키는 말이에요. 신체적인 폭력(때린다, 찬다 등), 정신적인 폭력(소리 지른다, 무시한다 등), 성적 폭력(외설적인 행위 등)뿐 아니라 사회적 격리(외출이나 사회 활동을 제한한다), 경제적 폭력(생활비를 주지 않는다)과 같은 다양한 형태의 폭력이 포함됩니다.

# 7

# 인도에서는 PM2.5(초미세먼지)가 40~70%나 감소해 파란 하늘이 돌아왔다!

● 코로나19가 발생하기 전 인도의 수도 델리 '인도문'

코로나19가 발생하기 전 인도의 수도 델리에서는 PM2.5(초미세먼지)가 원인인 대기 오염이 심각했다. 정부는 시민에게 외출을 자제할 것을 요청하고 차량 통행을 제한하는 조치를 취하기도 했다.

● 코로나19로 락다운이 실시되었을 때의 '인도문'

코로나19에 감염되는 사람이 크게 늘어나자 인도에서는 엄격한 락다운을 실시했다. 그러자 PM2.5(초미세먼지)가 크게 감소해 대기 오염이 놀라울 정도로 개선되었다.

출처: Ami kg/Shutterstock.com, Dhan Pal Singh/Shutterstock.com

## ★ 오염된 공기가 생명을 위협할 수도 있다!

코로나19는 사람들의 이동을 어렵게 만들었어요. 가게나 공장은 문을 닫아야 했고 그 때문에 경제에 큰 손실을 입혔지요. 그런데 지구 환경이라는 관점에서 보면 도리어 좋은 면도 있었답니다.

2020년 3월 1일까지 4주간 중국의 이산화탄소($CO_2$) 배출량은 전년도 같은 시기와 비교해 2억 톤이나 줄었어요. 대기 오염이 심각한 인도의 수도 델리에서는 락다운(도시 봉쇄)을 실시한 후 PM2.5(초미세먼지)가 40~70%나 감소하며 잿빛이었던 하늘이 푸른빛을 되찾았지요. 물의 도시로 유명한 이탈리아 베네치아를 흐르는 운하도 맑아졌습니다.

사람들의 행동을 제한했더니 대기와 물의 오염이 단숨에 개선된 거예요. 인간의 활동이 환경에 얼마나 나쁜 영향을 미치는지 알기 쉽게 보여 주는 결과입니다. 코로나19가 끝나가자 사람들은 다시 활발히 활동하기 시작해요. 살아가기 위해 돈은 꼭 필요하니까 사람들은 이동하고, 공장을 돌립니다. 하지만 환경이 더욱 파괴되어 건강하게 살아갈 수 없어진다면 일해서 돈을 벌 수도 없을 거예요.

'경제'와 '환경' 사이에서 어떻게 균형을 잡아야 할까요? 코로나19는 이 질문을 진지하게 생각해 볼 계기를 주었는지도 모른답니다.

### 알아두어야 할 개념

**PM2.5(초미세먼지)**

공기 중을 떠다니는 작은 입자 중 2.5μm(마이크로미터. 1μm=1mm의 1000분의 1) 이하의 아주 작은 먼지를 초미세먼지라고 해요. 소각로나 자동차, 항공기뿐 아니라 담배 연기나 난로에서도 발생하지요. 몸속으로 들어간 PM2.5는 폐 깊숙이 침투해서 천식이나 기관지염을 일으키고 폐암 발병률을 높입니다.

# 8

# 인플루엔자가 줄었다!
# 인플루엔자 환자가 80% 이상 감소!

- **2019년 4~6월 인플루엔자 환자 수**

## 118만 1,951명

※ 2019, 2020년 인플루엔자가 가장 유행했던 1주 차(2019.12.29.~2020.01.04.)에는 외래 환자 1,000명당 인플루엔자 환자 비율이 **49.1명**

2019년 상반기 월별 독감 진료인원 (명)

|  |  |
|---|---|
| 1월 | 52만 4,827 |
| 2월 | 17만 8,771 |
| 3월 | 34만 1,012 |
| 4월 | 71만 5,186 |
| 5월 | 29만 9,048 |
| 6월 | 16만 7,717 |

**84.4% 감소**

- **2020년 4~6월 인플루엔자 환자 수**

## 18만 4,000명

※ 2020, 2021년 1주 차(2020.12.27.~2021.01.02.)에는 외래 환자 1,000명당 인플루엔자 환자 비율은 **2.4명**

2020년 상반기 월별 독감 진료인원 (명)

|  |  |
|---|---|
| 1월 | 91만 6,029 |
| 2월 | 21만 2,994 |
| 3월 | 8만 5,085 |
| 4월 | 5만 9,770 |
| 5월 | 6만 1,211 |
| 6월 | 6만 3,019 |

출처: 국민건강보험공단, 질병관리청 감염병포털, 조선일보 '손씻기·마스크 덕, 올봄 독감환자 84% 줄었다'(2020.09.24.)

## ★ 앞으로도 손 씻기 습관을 지키자

매년 겨울이 되면 인플루엔자가 유행합니다. 2019년 11월에서 12월 무렵 인플루엔자 유행주의보가 내렸던 것을 기억하는 친구들도 있을 거예요. 코로나19가 본격적으로 퍼지기 전인 2020년 1월의 인플루엔자 진료 환자 수는 91만 6,029명으로 2019년 같은 기간에 비해 74.5%나 늘어났지만 4월에는 도리어 91.6%까지 감소했어요.

인플루엔자는 남반구에서 유행하던 바이러스가 사람의 이동과 함께 우리나라로 들어와서 퍼지는 거예요. 그런데 코로나19 감염 방지 대책으로 나라 간의 왕래가 줄어들자 인플루엔자 바이러스도 우리나라에 들어올 일이 거의 없어졌습니다.

게다가 코로나19 감염을 막기 위해 모두가 마스크를 하며 손을 잘 씻고, 손 소독을 열심히 한 것 역시 인플루엔자 예방으로 이어졌습니다. 비누로 30초간 손을 씻으면 씻지 않은 상태와 비교해 바이러스는 1만 분의 1로 줄어들어요. 2번 반복해서 씻으면 100만 분의 1까지 줄일 수 있지요.

손을 씻으면 나뿐 아니라 주변 사람들도 지킬 수 있는 거예요. '손 씻기는 귀찮아'라고 생각했던 사람도 이제 습관을 바꿔 보면 어떨까요?

### 알아두어야 할 개념

**인플루엔자**

인플루엔자 바이러스에 감염되어 일어나는 감염증이에요. 북반구에서는 추워지는 1월과 2월 무렵, 북반구와 여름과 겨울이 반대인 남반구에서는 7월과 8월 무렵 크게 유행합니다. 미국 질병통제예방센터(CDC)는 전 세계에서 매년 29.1만~64.6만 명이 독감으로 사망하고 있다고 추정하고 있어요.

### COLUMN

## 어린이를 지키는 유엔기구 '유니세프'

유니세프(UNICEF, 유엔아동기금)는 모든 어린이의 권리가 실현되는 세계를 만들기 위해 활동하는 유엔 기구 중 하나예요. 제2차 세계 대전이 끝난 1946년에 설립되었어요. 전쟁 때문에 피해를 입은 어린이를 지원하는 것이 주된 활동이었습니다. 한국전쟁으로 폐허가 되어 힘들어하는 한국 어린이들에게 긴급 구호물자를 대대적으로 지원해 주기도 했어요.

1965년에는 전 세계 어린이를 도운 공로를 인정받아 노벨평화상을 받기도 했습니다. 지금은 약 190개 나라와 지역에서 활동하고 있어요. 2019년만 해도 심각한 영양부족에 시달리는 490만 명의 어린이를 치료하고 1,200만 명 이상의 어린이에게 학용품을 지원했습니다.

유니세프 한국위원회에서는 유니세프의 활동을 자세히 알 수 있으며 홈페이지를 통해 후원도 할 수 있습니다.

유니세프 한국위원회 홈페이지

# 제 2 장

# 퀴즈를 풀며

# 세계의 지금 모습을

# 이해하자

**Q** 《SDGs 퀴즈 ❶》

# 하루 2,000원 미만으로 살아야 하는 어린이가 전 세계에 몇 명이나 있을까?

▶ 다음 보기에서 골라 보자!

❶ **6,300만 명** (우리나라 인구의 약 1.2배)
❷ **1억 2,500만 명** (우리나라 인구의 약 2.4배)
❸ **3억 5,550만 명** (우리나라 인구의 약 7배)

우리나라 인구는 2023년 3월 현재 약 5,141만 명

인도의 수도 델리 교외에 있는 쓰레기 산에서 팔 수 있는 쓰레기를 모으는 가난한 어린이. 살아가기 위해 이런 곳에서 일하는 어린이가 많이 있습니다.

출처: Clicksabhi/Shutterstock.com

**? 생각해 보자**

● 하루에 2,000원으로 생활해야 하는 삶을 상상할 수 있니?
● '심각한 빈곤'에 빠지게 되는 원인을 조사해 보자

## A 겨우겨우 살아가는 어린이가 6명 중 1명

SDGs에는 17개의 목표가 있어요. 그중 목표 1은 '빈곤층 감소와 사회안전망 강화'입니다. 구체적으로는 '2030년까지 모든 장소에서 심각한 빈곤을 없애는 것'을 목표로 하고 있습니다.

빈곤을 가늠하는 수치는 몇 가지가 있는데, 대표적인 것이 '국제 빈곤 기준선'이에요. 2021년 4월 시점에서 하루에 1.90달러(약 2,000원) 이하의 생활을 하는 사람을 가리켜 '극빈층(심각한 빈곤에 빠져 있는 사람)'이라고 합니다. 하루에 2,000원이니까 한 달을 약 6만 원(2,000원×30일)으로 살아야 해요.

2020년 10월 유니세프는 세계 어린이의 약 6명 중 1명(3억 5,550만 명)이 국제 빈곤 기준선을 밑도는 생활을 하는 '심각한 빈곤' 상태에 있다고 발표했어요.

자기 손으로 돈을 내지 않으면 깨닫지 못할 수도 있지만 우리가 생활하기 위해서는 많은 돈이 필요하답니다. 식비는 물론이고, 집세, 가스와 전기 요금, 인터넷 요금, 학원비까지 다양하지요. 하루를 2,000원으로 살아가는 삶, 상상할 수 있나요?

【정답은 ❸】

이 문제와 관계있는 SDGs 목표

### DATA

**'극빈층' 어린이의 지역별 비율(2017년)**

심각한 빈곤에 빠져 있는 어린이가 가장 많은 곳은 '사하라 이남 아프리카'입니다. 전체의 약 3분의 2를 차지합니다. 가난한 어린이가 많은 인도가 속해 있는 '남아시아'까지 합치면 전체의 83.9%에 이릅니다.

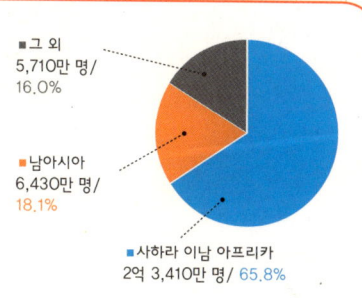

출처: 세계은행 「Global Estimate of Children in Monetary Poverty ; An Update」

《SDGs 퀴즈 ❷》

# 집에 화장실이 없어서 밖에서 볼일 보는 사람은 전 세계에 몇 명이나 있을까?

▶다음 보기에서 골라 보자!

❶ **0명**(집에 화장실이 없는 사람은 없다)

❷ **2억 5,000만 명**(우리나라 인구의 약 5배)

❸ **6억 7,300만 명**(우리나라 인구의 약 13배)

사진 속에 있는 것은 '화장실'입니다. 여기에서 볼일을 보면 바로 물속으로 떨어져 물고기의 먹이가 되지요. 문제는 이 물을 마시기도 하고, 목욕할 때도 써서 위생적이지 않다는 점입니다.

### ❓ 생각해 보자

● 집에 화장실이 없는 생활을 상상해 보자

● 밖에서 볼일을 보면 위생적일까?

## A 화장실이 없는 학교에 가고 싶니?

지금 이 책을 읽는 사람 중에 집에 화장실이 없는 사람은 아마 없을 거예요. 하지만 2017년 기준으로 약 20억 명(세계 인구의 26.5%)이 깨끗한 화장실을 쓰지 못한답니다. 그중 약 6억 7,300만 명(세계 인구의 8.9%)이 아직도 야외에서 볼일을 보고 있어요.

대변에는 병의 원인이 되는 세균이 많이 있어요. 화장실이 없으면 세균이 몸 안으로 들어와서 설사를 일으킬 가능성도 커지지요. 화장실이 아닌 곳에서 볼일을 보는 바람에 설사병에 걸려 목숨을 잃는 사람이 하루에 800명이 넘는다고 해요. 6세 미만 어린이가 죽는 원인의 8%는 설사이기도 합니다.

화장실이 없어서 밖에서 볼일을 봐야 한다면 학교에 가고 싶지 않을 거예요. 실제로 아프리카에는 화장실이 없다는 이유로 학교를 그만두는 사람도 있습니다.

만약 '서서 밖에서 볼일을 본 적이 있는데'라는 생각이 드는 남자 어린이가 있나요? 노상방뇨를 하면 경범죄를 저지르는 셈이니 다시는 하지 말도록 해요.

【정답은 ❸】

제2장 퀴즈를 풀며 세계의 지금 모습을 이해하자

이 문제와 관계있는 SDGs 목표

### DATA

**세계 사람들이 이용하는 화장실 종류(2017년)**

우리나라의 화장실은 대부분 '안전하게 관리된 화장실'이에요. 하지만 세계에는 '개량되지 않은 화장실(왼쪽 사진)'을 쓰거나 밖에서 볼일을 보는 사람이 여전히 많습니다.

- 안전하게 관리된 화장실 45.0%
- 기본적인 화장실 28.5%
- 한정된 화장실 8.3%
- 개량되지 않은 화장실 9.3%
- 야외 배설 8.9%

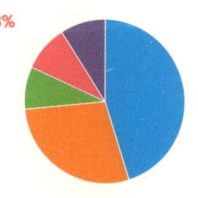

출처: WHO/UNICEF, JMP 「Progress on household drinking water, sanitation and hygiene 2000~2017」

## 《SDGs 퀴즈 ❸》

# 학교에 가지 못하고 일하는 어린이는 전 세계에 몇 명이나 있을까?

▶ 다음 보기에서 골라 보자!

❶ **267만 명**(우리나라 초등학생 수)
❷ **1,520만 명**(우리나라 인구의 약 3분의 1)
❸ **1억 5,200만 명**(우리나라 인구의 약 3배)

네팔 벽돌 공장에서 벽돌을 나르는 어린이. 학교에서 공부하지 못하면 장래에 선택할 수 있는 직업이 줄어들어 가난에서 벗어나기 더욱 어려워집니다.

출처: StanislavBeloglazov/Shutterstock.com

### 생각해 보자

● 어린이가 일하면 안 되는 이유는 무엇일까?
● 왜 어린이는 학교에 가야 할까?

## A 학교에 가지 못하고 일하는 아이들이 많다!

우리나라에서는 8살이 되면 학교에 가는 것이 당연합니다. 하지만 유니세프 조사에 따르면 세계에는 노동에 내몰린 6~18세 아이들이 약 1억 5,200만 명이나 됩니다. 2000년에는 2억 4,550만 명이었으니 서서히 줄어들고 있지만, 여전히 많은 어린이가 아동노동에 시달리고 있는 것은 변함없는 사실이에요.

특히 개발이 뒤처진 아프리카에서는 6~18세 어린이의 19.6%(약 5명 중 1명)가 노동력을 착취당하고 있어요.

학교에 다니며 공부해야 장래에 좋은 직업을 얻고 윤택한 삶을 살 수 있는 가능성이 높아집니다. 하지만 학교에 다닌 적 없는 부모 중에는 그 중요성을 알지 못해 아이를 학교에 보내지 않는 사람도 있어요. 설령 학교의 가치를 안다 해도 당장 생활에 쫓겨 아이도 일을 해야 살 수 있는 가정도 많답니다.

학교에 가서 교육을 받지 않으면 어른이 되어서도 가난한 생활에서 벗어나지 못할 가능성이 커져요. 부모에게서 자식으로, 세대를 거듭해 가난이 반복되는 '가난의 대물림'에서 벗어날 수 없게 되는 거지요.

【정답은 ❸】

이 문제와 관계있는 SDGs 목표

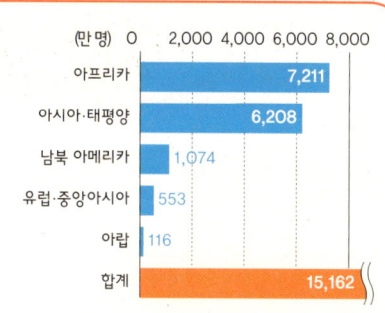

### 지역별 아동노동자 수 (2016년)

세계에는 약 1억 5,200만 명의 아동노동자가 있습니다. 아프리카에서는 전체 어린이의 19.6%가, 아시아·태평양 지역에서는 7.4%가 노동력을 착취당하고 있어요.

| 지역 | (만 명) |
|---|---|
| 아프리카 | 7,211 |
| 아시아·태평양 | 6,208 |
| 남북 아메리카 | 1,074 |
| 유럽·중앙아시아 | 553 |
| 아랍 | 116 |
| 합계 | 15,162 |

출처: ILO 「Global estimates of child labour: Results and trends, 2012~2016」

제2장 퀴즈를 풀며 세계의 지금 모습을 이해하자

## 《SDGs 퀴즈 ❹》

# 읽고 쓸 수 없는 16~25세 청년은 전 세계에 얼마나 있을까?

▶ 다음 보기에서 골라 보자!

❶ **0명** (읽고 쓸 수 없는 사람은 없다)

❷ **1억 명** (우리나라 인구의 약 2배)

❸ **2억 5,000만 명** (우리나라 인구의 약 4.8배)

마늘을 파는 인도의 중년 남성은 글자를 배우지 못해 어른이 된 지금 글자 연습을 하고 있습니다.

출처: Saurav Bahuguna/Shutterstock.com

### 생각해 보자

● 읽고 쓸 수 없는 사람은 왜 그렇게 되었을까?

● 읽고 쓸 수 없으면 어떤 점이 불편할까?

## A 가난한 나라에는 읽고 쓸 수 없는 사람이 많다

여러분이 이 책을 읽을 수 있는 것은 글자를 알기 때문이에요. 당연한 말이지만 글은 저절로 읽을 수 있게 되는 것이 아니랍니다. 읽고 쓰기를 배웠기 때문에 읽을 수 있게 된 거예요.

누구나 자연스럽게 익히는 '읽고 쓰기'이지만, 전 세계를 보면 당연한 일만은 아니에요. 유네스코(UNESCO, 유엔교육과학문화기구)의 추정에 따르면 2018년 기준으로 전 세계 16~25세 청년 중 약 1억 명이 비식자층(읽고 쓸 수 없는 사람)이에요. 지역별로 보면 사하라 이남 아프리카와 서남아시아에 집중되어 있습니다. 아프리카 중앙부에 있는 남수단이나 니제르와 같은 나라에서는 대부분의 사람이 읽고 쓸 줄 모릅니다.

글자를 읽지 못하면 교과서의 내용을 이해할 수 없어요. 컴퓨터가 있어도 검색하거나 메시지를 보낼 수 없어요. 역에서는 행선지를 확인할 수 없을 거예요. 이만저만 불편한 것이 아니에요.

당연하다고 생각했던 '읽고 쓰는 능력'은 사실 매우 중요한 힘입니다.

【정답은 ❷】

**이 문제와 관계있는 SDGs 목표**

### 알아두어야 할 개념

**국제 문해의 날**

유네스코의 기념일 중 하나로 글자를 이해하는 일의 중요성을 일깨우기 위해 지정한 날로 매년 9월 8일로 지정돼 있어요. 아직도 세계에는 최소한의 읽고 쓰기도 하지 못하는 사람이 7억 7,000만 명 이상 있습니다. 2018년 기준으로 남수단(34.5%), 니제르(35%), 중앙아프리카(37.4%) 세 나라는 16세 이상 문자를 읽고 쓸 수 있는 사람이 전체 인구수의 40%를 밑돌고 있어요.

출처: UNESCO Institute for Statistics 「UIS Stat」

《SDGs 퀴즈 ❺》

# 멸종 위기에 처한 생물은 얼마나 있을까?

지구상에는 약 211만 종의 생물이 있다

▶ 다음 보기에서 골라 보자!

❶ 약 1,317종 (전체 생물의 약 0.06%)

❷ 약 1만 5,166종 (전체 생물의 약 0.7%)

❸ 약 3만 5,765종 (전체 생물의 약 1.7%)

동물원에서 쉽게 볼 수 있는 고릴라. 하지만 개발을 위해 숲을 베어 버렸기 때문에 야생 고릴라 수는 점점 줄어들어 사실은 멸종 위기에 처해 있어요.

생 각 해 보 자

● 멸종 위기에 처한 동물을 조사해 보자!

● 왜 생물이 멸종되면 안 되는 걸까?

## A 이미 700종 이상이 멸종했다!

환경 파괴와 지구온난화, 무분별한 포획으로 많은 야생 동물이 멸종 위기에 처해 있어요. 동물원에서 인기를 모으는 대왕판다나 아프리카 코끼리, 침팬지도 사라질 위기에 처한 '멸종위기종'이지요.

국제자연보전연맹(IUCN)은 멸종위기종을 레드리스트(국제 멸종위기종 목록)로 정리해서 발표했습니다. 2020년 12월을 기준으로 지구상에 있는 약 211만 종 중 3만 5,765종이 멸종위기종에 해당합니다. 인간과 같은 포유류는 1,317종, 동물 전체는 1만 5,166종, 식물까지 포함하면 3만 5,765종에 이릅니다.

인간들은 공예품의 재료가 되는 상아를 얻기 위해 많은 코끼리를 죽였어요. 또 다양한 생물의 보금자리인 숲을 베어내 경작지로 바꾸었습니다. 모두 돈을 벌기 위해서였어요. 멸종위기종이 돈벌이 때문에 죽임당하는 일을 막기 위해 야생 동물을 사고팔지 못하게 하는 '워싱턴협약' 같은 규칙이 정해지기도 했습니다. 하지만 1600년 이후 이미 700종 이상이 멸종하고 말았어요.

【정답은 ❸】

이 문제와 관계있는 SDGs 목표

### 알아두어야 할 개념

**워싱턴협약(CITES)**

1973년 3월 워싱턴에서 개최된 국제회의에서 채택되어 워싱턴협약으로 불리며 정식 명칭은 「멸종 위기에 처한 야생 동식물종의 국제거래에 관한 협약」이에요. 수출국과 수입국이 힘을 합쳐 멸종 위기에 있는 야생 동식물의 국제 거래를 규제하고, 동식물의 보호를 꾀하는 것이 목적입니다. 우리나라는 1993년 7월 9일에 가입했어요.

《SDGs 퀴즈 ❻》

# 우리나라 국회의원 중 여성의 비율은 몇 %나 될까?

▶ 다음 보기에서 골라 보자!

❶ **19%** (5명 중 1명이 여성 의원)
❷ **33%** (3명 중 1명이 여성 의원)
❸ **50%** (2명 중 1명이 여성 의원)

전 세계의 국회의원 중 여성의 비율은 평균 25.5%(2021년 기준)

독일의 앙겔라 메르켈 총리(사진 중앙의 녹색 옷의 인물)는 2005년부터 2021년까지 총리로 재임했어요. 대표적인 여성 정치가입니다.

출처: IPU 「Monthly ranking of women in national parliaments」(2021년 1월 1일 기준), Gil Corzo/Shutterstock.com

### 생각해 보자

● 왜 여성 국회의원이 적을까?
● 세계적으로 여성 지도자가 적은 이유는 무엇일까?

## A 여성의 사회 진출, 아직도 갈 길이 멀다!

전 세계 인구를 보면 남성이 조금 많지만 남녀는 거의 균형을 이루고 있습니다. 하지만 국민의 대표자인 국회의원 수를 보면 세계 대부분의 나라에서 남성이 훨씬 많습니다. 우리나라 21대 국회의원을 살펴보더라도 여성이 차지하는 비율은 299명 중 57명(19%)에 불과해요. 17개 광역 단체장 중에는 1명도 없습니다. 경제개발협력기구(OECD) 평균인 31.6%에 크게 못 미치는 수준입니다.

세계를 둘러보아도 여성 국회의원 비율이 50%를 넘는 곳은 르완다(55.6%), 쿠바(53.4%), 아랍 에미리트(50.0%) 세 나라뿐입니다.

SDGs의 목표 5는 '성평등 보장'입니다. 하지만 인구 비율은 절반씩인데 남성 국회의원이 압도적으로 많은 것이 현실이고, 이러한 상황은 젠더 불평등을 상징적으로 보여 주고 있습니다.

학교에서 학급 임원의 남녀 비율은 어떤가요? 여러분 지역의 국회의원이나 정치인들의 남녀 비율도 생각해 보세요.

출처: 한국일보 '성평등 의제, 대선의 시계는 거꾸로 갔다'(2022.03.08.), 국민일보 '(한마당) 3.8 세계 여성의 날'(2022.03.07.)

【정답은 ❶】

이 문제와 관계있는 SDGs 목표

### 알아두어야 할 개념

**젠더**

성별에는 생물학적 성별 말고도 사회·문화적으로 만들어지는 성별이 있어요. 그것을 가리켜 '젠더'라고 합니다. 예를 들어 '남자는 밖에서 돈을 벌고, 여자는 집에서 집안일을 한다', '여자는 치마, 남자는 바지', '남자답게, 여자답게' 같은 것을 요구하는 사회적인 성별이 젠더인 셈이에요. 교육이나 사회 진출과 같은 분야에서 사회·문화적 차별을 없애는 것이 SDGs가 추구하는 바입니다.

 《SDGs 퀴즈 ❼》

# 1990~2020년 사이 세계의 숲은 얼마나 사라졌을까?

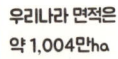 우리나라 면적은 약 1,004만ha

▶ 다음 보기에서 골라 보자!

❶ **1,004만ha** (우리나라 면적)
❷ **5,020만ha** (우리나라 면적의 약 5배)
❸ **1억 7,800만ha** (우리나라 면적의 약 17배)

2019년 말 호주에서 발생한 사상 최악의 삼림 화재로 인해 포르투갈 국토 면적보다 넓은 숲이 사라졌습니다. 캥거루와 코알라 등 호주에서만 사는 동물도 살 곳을 잃었습니다.

### 생각해 보자

● 숲이 파괴되면 무슨 문제가 생길까?
● 숲이 어떤 역할을 하는지 조사해 보자

# A 삼림 감소 폭은 줄어들고 있지만…

전 세계 토지의 약 3분의 1은 숲이며 면적으로 따지면 40.6억ha에 달해요. 그중 45%는 남미 아마존, 동남아시아, 중앙아프리카 등 일 년 내내 날씨가 온화한 지역에 있는 열대림입니다.

1990년부터 2020년까지 30년 동안 약 1억 7,800만ha나 되는 숲이 사라졌습니다. 하지만 나무를 심으려는 노력도 이어지고 있어요. 사라진 면적에서 다시 심은 면적을 뺀 순감소율은 1990년에서 2000년의 10년 동안 연평균 780만ha, 2000년에서 2010년 사이에는 연평균 520만ha, 2010년에서 2020년 사이의 연평균은 470만ha입니다. 감소 폭이 조금씩 줄어들고 있어요.

하지만 늘어나는 인구를 지탱할 식량을 더 많이 생산하려고 삼림을 농장이나 목장으로 만들고, 값싼 목재를 손에 얻기 위해 불법으로 나무를 베어 가는 행위도 이어지고 있어요. 게다가 기후 변화의 영향으로 대규모 산불이 세계 각지에서 일어나면서 그저 숲이 사라지고 끝나는 것이 아니라 동물들이 살 곳도 없어지는 거예요. 이는 생태계에 심각한 영향을 미칩니다.

숲을 지키며 삼림 자원을 얻지 않으면 앞으로 우리 인간은 숲이 주는 혜택을 잃게 될지도 몰라요.

【정답은 ❸】

이 문제와 관계있는 SDGs 목표

## DATA

### 세계 삼림 면적 상위 5위의 나라들(2020년)

2020년 기준으로 전 세계에 있는 삼림 총면적은 40억 5,893만ha입니다. 그 절반 이상(54%)이 삼림 면적 상위 5개국에 집중되어 있습니다.

| 순위 | 나라 명 | 삼림면적 |
|---|---|---|
| 1위 | 러시아 | 8억 1,531만ha |
| 2위 | 브라질 | 4억 9,662만ha |
| 3위 | 캐나다 | 3억 4,693만ha |
| 4위 | 미국 | 3억 980만ha |
| 5위 | 중국 | 2억 1,998만ha |
| 66위 | 한국 | 603만ha |
| 총 면적 | | 40억 5,893만ha |

출처: FAO「Global Forest Resources Assessment 2020」

## COLUMN

## 국제 인도주의 의료 구호단체 '국경없는의사회'

국경없는의사회(MSF)는 '의료의 필요성은 국경보다 중요하다'는 신념 위에 1971년에 설립되었어요. 독립·중립·공평한 입장에서 인도주의 의료 구호 활동을 전개하는 세계 최대 규모의 긴급의료 구호단체이자 국제적인 비정부기구(NGO)입니다. 분쟁이나 자연재해로 피해를 입은 사람이나 빈곤 등 다양한 이유로 보건 의료 서비스를 받을 수 없는 사람을 지원하는 것이 주된 활동이에요. 2019년 기준으로 아프리카, 아시아, 중동, 중남미를 중심으로 한 72개의 나라와 지역에서 활동하고 있고, 활동자금의 96%를 민간기부금으로 충당하고 있습니다.

1만 5,000원을 기부하면 63명에게 깨끗한 물을 제공할 수 있고, 10만 원을 기부하면 영양치료식 300끼를 원조할 수 있어요. 홈페이지에는 원하는 구호 물품을 골라 기부하는 '95창고'나 특별한 날을 기념하여 기부할 수 있는 '기념일 기부' 등 다양한 후원 방법도 소개되어 있어요.

국경없는의사회 홈페이지

1999년에는 전 세계에서 실천한 인도적 활동을 인정받아 노벨평화상을 수상하기도 했답니다.

제 3 장

# '생활'의 진짜 모습을 숫자로 확인하자 →

# 1

# 세계 인구의 약 40%에 해당하는 30억 명이 집에서 손을 씻을 수 없다!

집에 수도가 없으면 불편할 뿐만 아니라 비위생적입니다. 코로나19 감염 대책 중 가장 기본이 되는 '손 씻기'조차 할 수 없어서 감염 가능성이 커집니다.

▶ 세계가 30명의 교실이라면…
12명이 집에서 손을 씻을 수 없다!

## 생각해보자

- 집에서 손을 씻을 수 없다면 어떤 문제가 일어날까?
- 전염병 감염 예방을 위해 손을 잘 씻고 있니?

## ★ 손 씻기는 감염 대책의 기본이지만…

코로나19의 영향으로 비누와 소독액을 사용해 손을 씻는 일이 일상이 되었지요. 손 씻기는 전염병 예방의 기본 중 기본입니다.

우리나라에서는 너무도 당연히 집에서 손을 씻지만 유니세프에 따르면 무려 약 30억 명(세계 인구의 약 40%)에 이르는 사람들의 집에는 비누와 물로 손을 씻을 기본 설비가 없어요. 그중 후발개발도상국에서는 약 72%의 사람이 자기 집에서 손을 씻을 수 없습니다.

학교에 가면 선생님이 "손을 잘 씻으세요"라고 말하기도 하고, 복도에는 '손을 잘 씻자!'라고 쓴 포스터가 붙어 있기도 해요. 하지만 전 세계를 돌아보면 3분의 1 이상의 학교에 손을 씻을 장소 자체가 전혀 없어요.

그뿐만이 아니에요. 가장 위생적이어야 할 병원 같은 의료 시설도 5곳 중 2곳에서는 비누나 알코올 소독액은 고사하고 물조차 없습니다. 제대로 손을 씻을 수 없는 거예요. 특히 사하라 이남 아프리카의 인구 밀도가 높은 도시에서는 63%(2억 5,800만 명)의 사람들이 손을 씻기 위한 설비를 이용하지 못합니다.

이 문제와 관계있는 SDGs 목표

### DATA

**집에 손 씻을 설비가 있는 인구의 비율(2017년)**

사하라 이남 아프리카에서 물과 비누를 사용해 손을 씻을 수 있는 설비를 집에 갖추고 있는 사람은 4명 중 1명(25%)에 불과해요. 후발개발도상국 전체를 보면 고작 28%입니다.

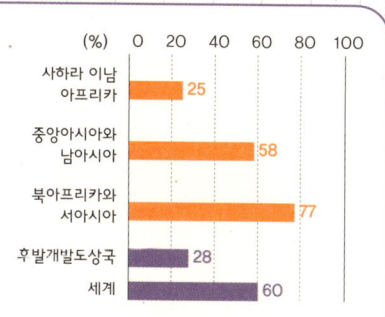

출처: WHO/UNICEF, JMP 「Progress on household drinking water, sanitation and hygiene 2000-2017」

## 2

# 깨끗한 물을
# 쓸 수 없는 사람이
# 21억 8,500만 명이나 있어

개발도상국에서는 어쩔 수 없이 탁한 물을 마시기도 하고 요리에 쓰기도 해요. 집에서 멀리 떨어진 장소까지 물을 뜨러 걸어가야 할 때도 있습니다.

▶ 세계가 30명의 교실이라면…
9명이 깨끗한 물을 자유롭게 쓸 수 없다!

출처: Martchan/Shutterstock.com

### 생각해 보자

● 집에 있는 수도꼭지에서 물이 안 나오는 생활을 상상해 보자
● 사진에 있는 저 물을 마셔야만 하는 사람을 어떻게 생각하니?

## ★ 누구나 수도에서 나오는 물을 마실 수 있는 것은 아니다

집에 있는 수도꼭지를 돌리면 마실 수 있을 만큼 깨끗한 물이 흘러나옵니다. 우리는 수도가 없는 생활을 상상할 수 없어요.

하지만 세계로 눈을 돌리면 무려 21억 8,500만 명(세계 인구의 약 29%)이 '안전하게 관리된 식수(집 안에서 필요할 때면 언제나 쓸 수 있고, 배설물이나 화학물질로 오염되지 않았으며, 개선된 식수 공급원에서 공급된 물)'를 사용하지 못합니다. 그중 7억 8,500만 명은 기본적인 물(집에서 왕복 30분 안에 갈 수 있는 장소에 있는 깨끗한 식수)을 이용할 수 없습니다. 지역별로 보면 사하라 이남 아프리카(4억 명), 동아시아·동남아시아(1억 6,100만 명), 중앙아시아·남아시아(1억 4,500만 명)가 많으며 그중 1억 4,400만 명 이상의 사람이 지표수(강이나 호수, 연못 등 깨끗하다고 할 수 없는 물)를 사용하고 있어요.

물을 얻기 위해 매일 몇 시간씩 걸어가야 하기 때문에 학교에 다닐 수 없는 어린이도 있습니다. 깨끗하지 않은 물을 마시는 바람에 설사를 일으키는 병에 걸려 죽음에 이르고 마는 어린이도 많이 있어요.

제 3 장 '생활의 진짜 모습을 숫자로 확인하자

이 문제와 관계있는 SDGs 목표

**DATA**

### 지표수를 사용하는 지역별 인구 비율(2017년)

왼쪽 페이지의 사진에서 볼 수 있듯 탁한 물을 사용할 수밖에 없는 사람이 전 세계에 1억 4,400만 명(세계 인구의 약 1.9%)이나 있어요. 사하라 이남 아프리카가 그중 절반 이상을 차지합니다.

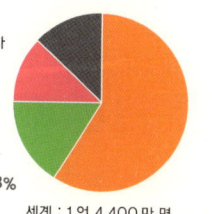

- 사하라 이남 아프리카 8,500만 명 / 59%
- 중앙아시아·서남아시아 2,300만 명 / 16%
- 동아시아·동남아시아 1,700만 명 / 12%
- 그 외 1,900만 명 / 13%

세계 : 1억 4,400만 명

출처: WHO/UNICEF, JMP 「Progress on household drinking water, sanitation and hygiene 2000-2017」

# 3

# 전기 없이 생활하는 사람이 7억 8,900만 명이나 있어

전기를 쓸 수 없어서 촛불 빛에 의지해 책을 읽기도 합니다. 보기 힘든 데다 실수로 초를 쓰러뜨리면 불이 날 수도 있어요. 불편할 뿐만 아니라 위험하기도 합니다.

▶ 전 세계 사람 10명 중 1명이 아직도 전기 없이 살고 있다!

출처: Jahangi Alam Onuchcha/Shutterstock.com

## 생각해 보자

- 촛불을 켜고 책을 읽은 적 있니?
- 전기를 쓰지 못하면 어떤 점이 불편할까?

## ★ 전기가 있는 생활은 당연한 것이 아니다

지진이나 태풍 같은 재해가 일어나 정전이 되면 TV를 볼 수 없고, 스마트폰도 충전할 수 없어요. 밤에는 집 안이 깜깜해질 거예요. 전기 덕분에 편리한 생활을 누리는 우리는 전기가 있는 게 당연하다고 생각합니다. 전기를 쓸 수 없으면 불편함을 느끼고 스트레스도 받습니다.

전등 대신 촛불을 켜고 책을 읽는다고 상상해 보세요. 잘못해서 초를 쓰러뜨리면 불이 날 테니 굉장히 위험하겠지요. 실제로 전기 요금을 내지 못해 전기가 끊긴 집에서 촛불이 원인이 된 화재로 소중한 생명을 잃는 일이 종종 일어납니다.

전기를 이용할 수 있는 세계 인구의 비율은 2010년 83.3%였던 것이 2018년에는 89.6%로 높아졌어요. 하지만 다시 생각하면 여전히 10.4%의 사람들이 전기를 쓰지 못하는 생활을 이어가고 있어요. 수로 따지면 7억 8,900만 명이나 됩니다. 그중 5억 4,800만 명이 사하라 이남 아프리카에 집중되어 있습니다. 부룬디나 차드처럼 국민 10명 중 9명이 전기를 쓸 수 없는 나라도 있습니다.

제3장 '생활'의 진짜 모습을 숫자로 확인하자

이 문제와 관계있는 SDGs 목표

### DATA

**전기를 쓸 수 있는 인구의 비율이 낮은 나라 5위(2018년)**

오른쪽 표의 다섯 나라는 모두 사하라 이남 아프리카에 위치하고 있어요. 여전히 국민의 절반 이상이 전기를 쓸 수 없는 나라는 28개국이 존재하며, 그 대부분이 사하라 이남 아프리카에 집중되어 있습니다.

| 순위 | 나라 명 | 이용률 |
|---|---|---|
| 1위 | 부룬디 | 11.0% |
| 2위 | 차드 | 11.8% |
| 3위 | 부르키나파소 | 14.4% |
| 4위 | 니제르 | 17.6% |
| 5위 | 말라위 | 18.0% |
| 참고 | 세계 | 89.6% |

출처: World Bank Group 「World Development Indicators」

# 4

# 음식이 모자라 굶주린 사람이 8억 2,100만 명이나 있어

인도의 수도 델리에서 자원봉사자가 나누어 주는 식사를 받는 어린이들. 세계에는 음식을 충분히 먹지 못하는 사람이 여전히 많아요.

▶ **지구에는 전 인류가 먹을 수 있는 만큼의 식량이 있지만 세계 인구 9명 중 1명은 기아 상태에 있다!**

출처: clicksabhi/Shutterstock.com

### 생각해 보자

- 배고픈데 밥을 먹을 수 없는 상황을 상상할 수 있니?
- 배고픈 채로 공부하거나 운동할 수 있을까?

## ★ 식량은 충분하지만 굶는 사람이 있다

음식을 충분히 먹지 못해 기아 상태에 있는 사람이 2018년 기준으로 8억 2,100만 명이나 된다고 해요. 세계 인구 9명 중 1명은 제대로 식사를 하지 못하는 거예요.

사실 지구에는 전 세계 사람들이 충분히 먹을 수 있을 만큼의 식량이 있답니다. 2019년에 생산된 곡물은 29억 톤이에요. 세계 인구 76억 명에게 똑같이 나눠 주면 한 사람당 380kg이나 받을 수 있어요. 그에 더해 채소, 고기, 생선 같은 식재료도 있으니 지구에는 식량이 충분하다고 할 수 있어요. 그러니까 식량 자급률이 45%(2020년, 사료용 제외)에 불과한 우리나라가 나머지 55%를 해외에서 수입할 수 있는 겁니다.

굶주림으로 고통 받는 사람이 많은 나라에는 다양한 문제가 있습니다. 먹을 것을 충분히 살 수 없을 정도로 가난한 사람이 많거나 농작물을 키울 수 있는 토지가 적기도 해요. 가난하기 때문에 해외에서 식량을 수입하지 못하는 경우도 있습니다.

식사를 충분히 하지 못하면 공부나 운동, 일도 할 수 없어요. 다른 격차를 불러오기도 하는 기아는 시급히 해결해야 할 문제예요.

**이 문제와 관계있는 SDGs 목표**

### 우리나라의 식량 자급률

2019년 우리나라의 식량 자급률은 45.8%로 78.5%였던 1969년과 비교해 30% 이상 떨어졌습니다. 특히 곡물 자급률은 21%에 불과해 음식이나 사료로 이용되는 식량 중 80%를 해외에서 수입하고 있어요. 코로나19로 곡물 수입이 어려워지며 낮은 식량 자급률을 걱정하는 목소리가 높아지고 있습니다.

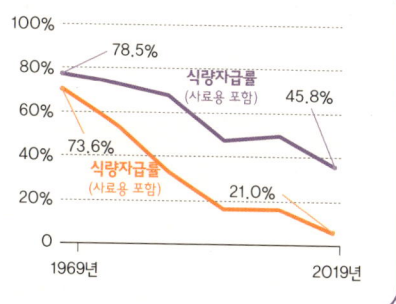

출처: 이데일리 '코로나가 일깨운 식량안보…수입 의존 큰 콩·밀 등 자급률 높여야'(2021.10.19.)

# 5

# 매일 민간인 100명이 분쟁으로 목숨을 잃고, 8명 중 1명은 어린이다!

박해를 피해 미얀마에서 이웃 방글라데시로 도망가는 이슬람계 소수 민족 로힝야족 어린이들. 힘없는 눈빛에서 혹독한 피로를 느낄 수 있습니다.

▶ 2015~2017년 사이에 살해된 19세 미만 어린이는 적어도 1만 2,797명에 이른다

출처: Mamunur Rashid/Shutterstock.com

### 생각해 보자

- 왜 무력에 의존하지 않고는 문제를 해결하지 못하는 걸까?
- 어른들의 사정으로 아이들이 죽어가는 상황을 어떻게 생각하니?

## ★ 많은 어린이가 미래와 희망을 잃었다

당연히 무력 분쟁과 전쟁은 사라져야 해요. 하지만 안타깝게도 그렇지 못한 것이 현실이지요. 국제법에 따르면 군인이나 무장 요원이 아닌 민간인은 무력 분쟁이나 전쟁에서 보호받아야 합니다. 하지만 2015년부터 2017년에 걸친 3년 동안 유엔이 확인한 것만 해도 10만 6,806명의 민간인이 사망했어요. 매일 약 100명의 희생자가 나온 셈이에요. 그중 12%(8명 중 1명)인 1만 2,797명이 어린이입니다.

왜 무기도 들지 않았고 싸울 수도 없는 어린이들이 죽임을 당해야 하는 걸까요? 비록 죽지 않는다 해도 국민의 90%가 불교도인 미얀마 서부에 사는 이슬람계 소수 민족 로힝야족처럼 심각한 차별을 받는 경우도 있어요. 무차별 공습으로 사는 곳이 불타 버린 후 나라에서 쫓겨나 난민이 된 사람도 많습니다.

어른들의 사정으로 일어난 분쟁에 휩쓸린 어린이들은 살고 있던 집을 잃었습니다. 미래와 희망이라는 눈에 보이지 않지만 소중한 것도 함께 잃어버렸어요.

제3장 '생활'의 진짜 모습을 숫자로 확인하자

이 문제와 관계있는 SDGs 목표

### DATA

**분쟁과 관련된 민간인의 사망 원인(2015~2017년)**

2015년에서 2017년 사이에 무력분쟁으로 10만 6,806명의 민간인이 죽었습니다. 사망 원인의 대부분은 민간인에게 써서는 안 되는 무기와 총기입니다.

- 중화기, 총탄, 포탄, 탄약 / 34.8%
- 지뢰나 불발탄 / 24.2%
- 원인불명 / 22.5%
- 소형 무기, 경화기 / 13.0%
- 그 외 / 5.5%

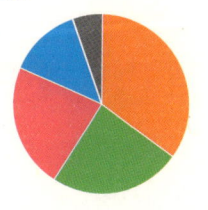

출처: 유엔

# 6

# 분쟁이나 박해 때문에 고향에서 쫓겨난 사람이 7,950만 명이나 있다!

터키를 향해 걷는 시리아인들(2020. 3월). 2011년부터 이어진 내전을 피해 많은 사람이 난민이 되었습니다. 이웃 나라들이 그런 난민을 받아들이고 있습니다.

▶ 분쟁이나 박해, 폭력 때문에
  세계 인구 97명 중 1명이 고향에서 쫓겨났다

출처: Huseyin Aldemir/Shutterstock.com

## 생각해 보자

● 많은 난민이 무슨 이유로 생겨난 걸까?

● 우리나라는 난민을 얼마나 받아들이고 있을까?

## ★ 전 세계의 약 1%가 고향에서 쫓겨났다

유엔난민기구(UNHCR)에 따르면 2019년 말 난민의 수는 과거 최고 수치인 7,950만 명에 이르렀어요. 최근에는 내전이 이어지고 있는 시리아나 아프가니스탄, 경제 상태가 심각하게 악화된 남미의 베네수엘라에서 난민이 증가하고 있다고 해요.

난민이 무엇일까요? '인종, 종교, 국적, 정치적 의견 혹은 특정 사회 집단에 속해 있다는 이유로 자국에서 박해를 받거나 받을 우려가 있어 다른 나라로 피하는 사람'을 말해요.

2021년 미얀마에서는 군부에 의한 쿠데타가 일어났어요. 그에 반대하는 항의 데모를 하는 일반 시민을 향해 군부는 무기를 겨누었고 많은 사람이 죽었습니다. 미얀마에는 원래 앞서 소개한 로힝야족 난민이 많았는데 더 이상 이런 나라에서 살고 싶지 않다며 나라 밖으로 도망치는 사람은 더욱 늘어날지도 몰라요.

세계에는 폭력 행위와 박해를 피해 도망친 난민이 지금도 늘고 있어요. 난민이 되어야 했던 사람들의 마음까지 헤아리기는 쉽지 않겠지만, 난민이 된 이들을 세계의 모든 사람들이 지원할 필요는 있습니다.

이 문제와 관계있는 SDGs 목표

### DATA

### 난민의 출신 국가
### 상위 5개국(2019년)

난민이 많은 나라는 저마다 복잡한 사정을 안고 있어요. 시리아에서는 내전을 피하기 위해 국외 탈출을 시도했지만 성공하지 못하고 전쟁의 희생양이 된 사람이 많습니다.

출처: UNHCR 「GLOBAL TRENDS FORCED DISPLACEMENT IN 2019」

# 7

# 개발도상국 의료 시설 중 4분의 1은 전기가 들어오지 않아!

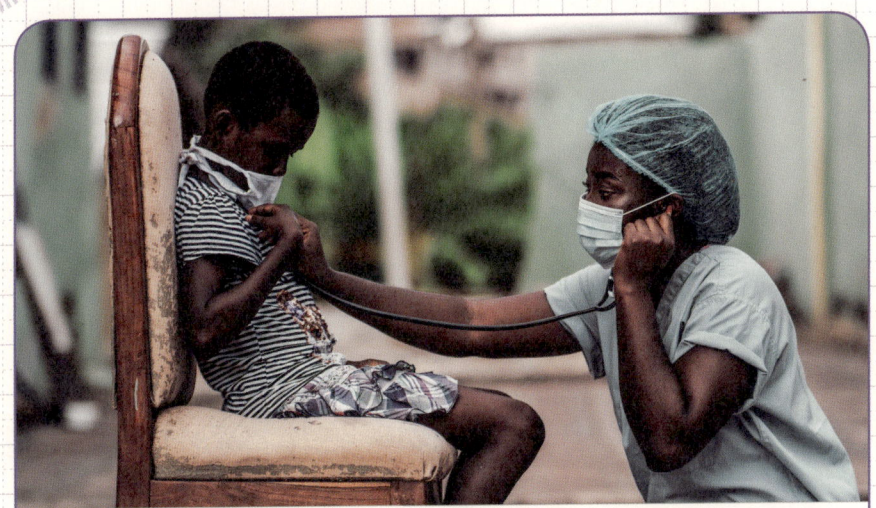

우리나라의 병원은 최신 의료 기기와 의료 로봇을 이용한 수술도 합니다. 하지만 전기가 들어오지 않는 나라에서는 최신 기기를 활용한 의료를 실시할 수 없습니다.

▶ **개발도상국이 30명의 교실이라면…**
  **7~8명은 전기가 없는 병원에 다닌다**

### 생각해 보자

- 전등도 밝힐 수 없는 병원에서 진료나 수술을 받는 상황을 상상할 수 있니?
- 병원에 전기가 들어오지 않으면 어떤 문제가 생길까?

## ★ 전기가 안 들어오는 병원에서는 수술을 할 수 없다

코로나19 백신이 전 세계로 보급되었지요. 미국의 제약 회사인 화이자가 만든 백신은 영하 80도에서 영하 60도라는 매우 낮은 온도에서 보관해야 했어요. 그러기 위해 특수한 냉장고가 필요하고, 당연히 전기가 없으면 그 냉장고는 쓸 수 없습니다.

이제까지 가 본 병원 중 전기가 들어오지 않는 곳이 있었나요? 그런 일은 상상도 할 수 없을 거예요. 만약 수술 중 정전이 되어 의료 기기가 작동을 멈추면 목숨도 위험해지는 엄청난 사태가 벌어지겠지요. 전기가 없다면 깜깜한 밤에는 수술을 꿈도 꿀 수 없을 거예요.

하지만 2018년 아프리카와 아시아 6개국을 대상으로 실시한 조사에서 의료 시설 중 4분의 1에 전기가 들어오지 않는다는 것이 밝혀졌습니다. 전력 공급 사정이 나빠 갑작스러운 정전을 경험한 적 있는 시설도 4분의 1이나 되었습니다.

SDGs 목표 7은 '에너지의 친환경적 생산과 소비'입니다. 우리는 당연하다는 듯 전기를 쓰지만 전기를 충분히 생산하지도 못하고, 소비하지도 못하는 나라가 많은 것이 현실입니다.

이 문제와 관계있는 SDGs 목표

### DATA
**안전한 물을 쓰지 못하는 세계 의료 시설의 비율(2019년)**

물이 없으면 손을 씻을 수 없고, 화장실에서 볼일을 본 후 물을 내릴 수도 없어요. 가장 청결해야 할 의료 시설도 4개 중 1곳(25%)은 안전한 물을 쓸 수 없는 것이 세계가 놓인 현실입니다.

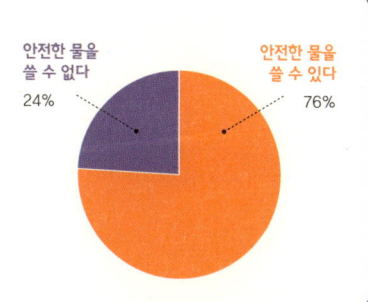

출처: WHO, UNICEF 「Global progress report on WASH in health care facilities:Fundamentals first」

# 8
# 줄어드는 살인 발생률, 하지만 여전히 연간 44만 명이 희생된다!

'파벨라'라 불리는 브라질의 빈민가는 빈곤과 마약 매매를 둘러싼 다툼 때문에 특히 살인 사건이 많은 것으로 알려져 있어요.

▶ **세계에서는 1년 동안 10만 명당 5.8건의 살인 사건이 일어나고 있다**

출처: Photocarioca/Shutterstock.com

● 사하라 이남 아프리카나 라틴 아메리카에서는 왜 살인이 많이 일어날까?

# ★ 줄어드는 살인, 하지만 여전히 많다

TV를 보면 매일 살인 사건이 보도되는 것 같지만 우리나라는 살인 사건이 아주 적은 나라예요. 2018년 살인 발생 건수는 309건으로 10만 명당 0.6건인 셈이에요.

유엔마약범죄사무소(UNODC)에 따르면 전 세계 살인 발생 건수는 2001년에 인구 10만 명당 6.9건이었습니다. 2015년에는 5.9건, 2018년에는 5.8건으로 떨어졌지요. 숫자를 보면 2018년에는 44만 1,163명이 살인 사건의 피해자(남성 81%, 여성 19%)가 되었어요. 2015년에서 2018년과 같은 추세로 줄어들면 2030년에는 인구 10만 명당 약 5.2건까지 떨어질 전망이에요.

살인 사건 피해자 중 3분의 2는 사하라 이남 아프리카(36%)와 라틴 아메리카 및 카리브해 지역(33%)에 집중되어 있습니다.

코로나19가 유행하며 전 세계에서 외출을 자제하는 움직임이 일어났어요. 그 덕분에 유럽과 아시아에서는 살인이 크게 줄었습니다. 하지만, 살인 사건이 많았던 사하라 이남 아프리카나 라틴 아메리카 나라들에서는 코로나19 유행 후 오히려 살인이 늘었다고 합니다.

이 문제와 관계있는 SDGs 목표

## DATA

### 10만 명당 살인 발생률 나라별 순위(2018년)

나라별로 보면 엘살바도르와 자메이카 같은 중남미 국가들이 높은 순위를 차지하고 있어요. 우리나라는 10만 명당 살인 사건 발생률이 0.6명으로 세계에서도 가장 살인이 적게 발생하는 나라에 속합니다.

| 순위 | 나라 명 | 건/10만 명 |
|---|---|---|
| 1위 | 엘살바도르 | 52.0 |
| 2위 | 자메이카 | 43.9 |
| 3위 | 레소토 | 43.6 |
| 4위 | 온두라스 | 38.9 |
| 5위 | 벨리즈 | 37.8 |
| 참고 | 한국 | 0.6 |
| 세계 평균 | | 5.8 |

출처: UNODC

# 9

# 현대판 노예제의 희생자는 적어도 4,030만 명!

태국 남부 코파얌섬에서 어업에 종사하는 미얀마 사람들. 태국의 어업은 미얀마인과 캄보디아인의 강제 노동으로 이루어지고 있어 국제적인 문제가 되고 있어요.

▶ **전 세계 성인 1,000명 중 5.9명, 어린이 1,000명 중 4.4명이 현대판 노예제의 피해자**

출처: Kavin Hellon/Shutterstock.com

### 생각해 보자

- 다른 사람을 강제로 일하게 만들어도 될까?
- 강제로 결혼하면 행복해질 수 있을까?

# ★ 과거의 이야기가 아닌 '노예', 지금도 존재한다!

누군가의 소유물처럼 사고파는 대상이 되어 자유를 빼앗긴 사람을 '노예'라고 해요. 국제노동기구(ILO)는 '강제 노동'과 '강제 결혼'을 '현대판 노예제'로 정의했습니다.

미국 제16대 대통령 링컨이 노예 해방 선언을 한 것이 지금으로부터 150년도 더 전인 1862년이에요. 그때부터 노예를 없애기 위해 노력했지만 2016년 통계에 의하면 노예와 같은 취급을 받는 사람이 4,030만 명이나 있다고 해요. 그 중 2,490만 명은 강제 노동, 1,540만 명은 강제 결혼을 강요당하고 있어요. 성별을 보면 여성이 압도적으로 많아 71%(2,870만 명)를 차지합니다.

강제 노동과 강제 결혼의 배경에 있는 것은 빈곤이에요. 경제적으로 힘들어진 부모가 돈을 벌기 위해 어쩔 수 없이 아이를 파는 경우가 적지 않아요.

살아가는데 돈은 중요합니다. 돈보다 중요한 것이 인권이지만, 가난한 사람의 약점을 잡아 인권을 짓밟고 노예처럼 이용하는 나쁜 사람이 많은 것은 현실입니다.

이 문제와 관계있는 SDGs 목표

## DATA

### 현대판 노예제의 피해 어린이 수(2016년)

세계에는 현대판 노예제의 희생자인 어린이가 996.5만 명이나 있어요. 어린이 1,000명 중 1.9명이 '강제 노동', 1,000명 중 2.5명이 '강제 결혼'을 강요당하고 있습니다.

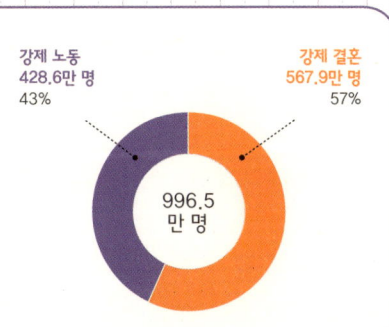

강제 노동 428.6만 명 43%
강제 결혼 567.9만 명 57%
996.5만 명

출처: ILO 「Global Estimates of Modern Slavery: Forced Labour and Forced Marriage」

# 10

# 후발개발도상국에서 인터넷을 사용할 수 있는 사람은 19.5%뿐!

우리나라에서는 스마트폰을 쓰는 사람을 쉽게 찾아볼 수 있지만, 후발개발도상국에서는 그렇지 못한 사람이 많습니다. 이러한 격차는 시기를 낳고 정보 격차로도 이어지지요.

▶ **후발개발도상국이 30명의 교실이라면…
24명이 인터넷을 쓸 수 없다**

## ? 생각해 보자

- 인터넷을 쓸 수 없는 생활을 상상해 보자!
- 인터넷을 쓸 수 없다면 어떤 격차가 벌어질까?

## ★ 정보 격차는 다른 격차로 이어진다

　모르는 것을 검색하고 유튜브를 보기도 하며 친구와 메시지를 주고받거나 온라인 수업을 듣기도 하지요. 모두 인터넷을 쓸 수 있기 때문에 가능한 일이에요. 인터넷이 있는 환경이 너무도 당연하기 때문에 인터넷 없는 생활을 상상하는 것조차 어려울지 몰라요. 하지만 2019년 기준으로 인터넷을 쓸 수 있는 사람은 세계 인구의 51.4%에 불과하답니다. 인터넷을 쓸 수 없는 사람은 개발도상국 중에서도 특히 뒤처진 후발개발도상국에 집중되어 있어요. 선진국에서는 86.7%의 사람이 인터넷을 쓸 수 있지만, 후발개발도상국에서는 고작 19.5%만이 쓸 수 있지요.

　컴퓨터나 인터넷을 능숙하게 활용할 수 있는 사람과 그렇지 못한 사람 사이에는 재산과 기회, 사회적 지위 등의 격차가 발생합니다. 이런 격차를 '디지털 디바이드(정보 격차, digital divide)'라고 불러요. 디지털 디바이드를 극복하지 못하면 청년과 노인, 선진국과 개발도상국, 도시와 농촌 등 다양한 집단 사이에 격차가 벌어져 새로운 사회·경제 문제로 이어질 가능성도 크답니다.

이 문제와 관계있는 SDGs 목표

### DATA 개인의 인터넷 이용률 (2019년)

전 세계적으로도 여성의 이용률이 낮은 편인데 후발개발도상국에서는 그 정도가 심해 14.7%에 불과합니다. 인터넷 이용에도 남녀 불평등이 드러난다고 할 수 있습니다.

| | 전체 | 여성 | 남성 |
|---|---|---|---|
| 세계 | 51.4 | 48.3 | 55.2 |
| 선진국 | 86.7 | 85.6 | 87.8 |
| 개발도상국 | 44.4 | 40.4 | 48.9 |
| 후발개발도상국 | 19.5 | 14.7 | 27.6 |

(%)

출처: ITU 「GLOBAL AND REGIONAL ICT DATA」

COLUMN

## 난민을 지원하는 '유엔난민기구'

1950년에 설립된 유엔난민기구(UNHCR)는 분쟁이나 박해 때문에 고향에서 쫓겨난 난민 및 피난민을 국제적으로 보호하고 지원하는 유엔 기구예요.

1954년에는 '냉전이라는 상황 속에서 난민을 위해 정치적, 법적 보호를 실시한 점'을, 1981년에는 '난민의 이주 및 정착과 처우 개선에 기여하는 활동을 전개한 점'을 인정받아 노벨평화상을 수상하기도 했어요.

2020년 현재 130개국이 가입해 있으며, 우리나라 정부도 2000년부터 회원국으로 활동중이에요. 성별, 종교, 정치적 견해에 관계없이 도움이 필요한 난민, 또는 보호대상자에게 보호와 지원을 하고 있으며 특히 여성과 어린이게 집중하고 있답니다.

자세한 내용을 알고 싶다면 유엔난민기구 한국대표부 홈페이지(www.unhcr.or.kr)를 찾아보세요. 최신 정보를 알 수 있을 거예요. 난민과 피난민을 돕고 싶다면 홈페이지를 통해 3만 원부터 후원할 수 있답니다.

유엔난민기구 홈페이지

# 제 4 장

## '차별'과 '격차'의 현실을 숫자로 알아보자

# 1

# 코로나19 백신 접종에도 나라마다 차이가 있다!

● 주요국의 코로나19 백신 접종 현황(2021.5.31. 기준)

| | 누적 확진자 발생 수(명) | 인구 100만 명당 누적 확진자 발생 수(명) | 누적 사망자 수(명) | 1회 이상 예방접종률(%) |
|---|---|---|---|---|
| 미국 | 32,916,501 | 99,445 | 588,292 | 50.0 |
| 영국 | 4,480,949 | 66,010 | 127,775 | 57.6 |
| 독일 | 3,679,148 | 44,328 | 88,406 | 42.8 |
| 이스라엘 | 839,454 | 96,985 | 6,408 | 63.0 |
| 일본 | 741,674 | 5,864 | 12,920 | 6.4 |
| 한국 | 139,910 | 2,729 | 1,957 | 10.5 |

2021년 5월 31일을 기준으로 보았을 때 미국이나 유럽 국가들에 비해 우리나라의 백신 접종은 뒤처진 편이었어요. 이후 속도가 빨라지면서 2022년 1월 10일 기준 1회 이상 예방접종률이 86.5%로 주요 국가들에 비해 높은 접종률을 보였습니다.

▶ **초기에 뒤처졌던 우리나라의 백신 접종률은 빠르게 높아졌다**

출처: 질병관리청 「코로나19 해외 주요 국가 방역 현황 통계(2021.05.31.기준/2022.01.10.기준)」

● 각 나라의 백신 접종률이 다른 이유를 조사해 보자

# ★ 백신 보급을 늘리기 위한 'COVAX'

코로나19 감염 확대를 막아준 것이 '백신'이에요. 하지만 접종 진행 상태는 나라와 지역에 따라 큰 차이를 보였어요. 2021년 5월 5일을 기준으로 세계 각 나라와 지역의 100명당 접종 횟수(백신은 한 사람당 2번 맞을 필요가 있다)를 보면, 이스라엘처럼 2회 접종을 마친 사람이 많은 나라도 있고, 큰 진척이 없는 나라도 있어요. 미국이나 중국처럼 2억 회 이상 백신 접종이 이루어진 곳이 있는가 하면 접종이 거의 진행되지 않은 나라도 있다고 해요.

가난한 나라는 백신을 살 돈이 없습니다. 그래서 세계 각 나라는 'COVAX'를 만들어 협력하고 있어요. 저소득층에게 무상으로 백신을 제공하기 위한 시스템이지요.

한편 우리나라는 어떨까요? 세계 평균에 비해 접종 진행이 뒤늦게 이루어졌지만 정부가 백신 구입에 적극적으로 나서며 위기를 극복할 수 있었습니다. 앞으로 다시 이러한 상황을 맞지 않으려면 어떻게 해야 좋을까요? 또다른 감염병 유행에 대비하여 지금부터 할 수 있는 일은 무엇일지 생각해 보세요.

이 문제와 관계있는 SDGs 목표

## 알아두어야 할 용어

**COVAX**

코로나19 백신을 공동 구매하여 개발도상국 등에 배분하는 국제적인 백신 공급 체계로 세계보건기구(WHO)가 주도하고 있습니다. 고·중소득 국가는 COVAX에 자금을 지원하고 인구의 20%분에 해당하는 백신을 받습니다. 한편 저소득 국가는 무상으로 백신을 받을 수 있습니다. 자금 부족을 해결하는 것이 과제로 남아 있습니다. (2021년 5월 기준)

## 2
# 우리나라의 성격차지수는 156개 나라 중 102위

● 성격차지수 2021

| 순위 | 나라 명 | 지수(%) | 순위 | 나라 명 | 지수(%) | 순위 | 나라 명 | 지수(%) |
|---|---|---|---|---|---|---|---|---|
| 1 | 아이슬란드 | 89.2 | 8 | 리투아니아 | 80.4 | 30 | 미국 | 76.3 |
| 2 | 핀란드 | 86.1 | 9 | 아일랜드 | 80.0 | 63 | 이탈리아 | 72.1 |
| 3 | 노르웨이 | 84.9 | 10 | 스위스 | 79.8 | 102 | 한국 | 68.7 |
| 4 | 뉴질랜드 | 84.0 | 11 | 독일 | 79.6 | 107 | 중국 | 68.2 |
| 5 | 스웨덴 | 82.3 | 16 | 프랑스 | 78.4 | 120 | 일본 | 65.6 |
| 6 | 나미비아 | 80.9 | 23 | 영국 | 77.5 | 140 | 인도 | 62.5 |
| 7 | 르완다 | 80.5 | 24 | 캐나다 | 77.2 | 156 | 아프가니스탄 | 44.4 |

2021년 3월에 발표된 '성격차지수'에서 한국은 102위였어요. '남존여비' 풍조가 아직도 남아 있는 거예요.

▶ **여성의 사회적 진출을 늘리기 위해 노력하고 있지만 세계적인 기준에서 우리나라는 아직 '남녀불평등'의 나라**

출처: World Economic Forum 「Global Gender Gap Report 2021」

- 왜 우리나라는 남녀가 평등하지 못한 사회가 되었을까?
- 어떻게 하면 성평등을 이룰 수 있을까?

# ★ 아직도 갈 길이 먼 성평등

2021년 3월 세계경제포럼(다보스포럼)이 세계 각 나라의 남녀평등을 수치로 따진 순위인 '성격차지수(GGI, Gender Gap Index)'를 발표했어요. 이 지수는 '정치', '경제', '교육', '건강' 등 4분야의 14개 항목에서 남녀 불평등을 종합적으로 수치화해 각 나라의 순위를 매긴 거예요. 100%에 가까울수록 평등하답니다.

우리나라는 156개 나라 중 102위로 108위였던 지난해보다 조금 올랐어요. 하지만 OECD의 37개 회원국 가운데 우리나라보다 순위가 낮은 곳은 일본(120위)과 터키(133위)뿐입니다. 분야별 순위를 보면 '정치'가 68위, '경제'가 123위, '교육'이 104위, '의료'가 54위였습니다.

40페이지에서 설명했듯 우리나라에는 여성 국회의원이 적고, 100대 기업 임원 중 여성의 비율은 4.8%에 불과해요. 미국의 경우 기업의 여성 리더 비율은 40.7%에 달합니다.

영국의 시사 주간지인 〈이코노미스트〉가 OECD 회원국의 성별 격차를 조사해 수치화하는 '유리 천장 지수'에서도 우리나라는 최하위를 차지했어요. 세계적인 관점에서 볼 때 우리나라는 여전히 '남녀불평등' 사회라고 할 수 있어요.

출처: 국민일보 '[한마당] 3·8 세계 여성의 날'(2022.03.07.), 조선일보 '[데스크에서] 새 정부가 깨야 할 유리 천장'(2022.03.14.)

**이 문제와 관계있는 SDGs 목표**

## DATA
### 세계의 성 불평등을 해소하기까지 걸리는 시간

세계경제포럼은 전 세계에서 남녀가 평등해질 때까지 걸리는 시간이 코로나19의 영향으로 2020년 '99.5년'에서 2021년에는 '135.6년'으로 늘어났다고 지적했습니다.

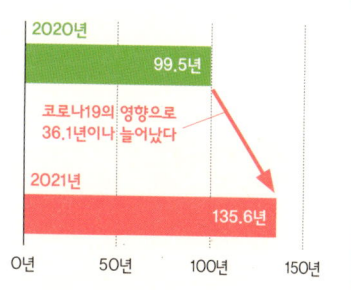

출처: World Economy Forum 「Global Gender Gap Report 2021」

# 3

# 약 **3명 중 1명**의 여성이 배우자나 연인에게 폭행당한 경험이 있다!

배우자나 연인처럼 가까운 관계인 남성에게 폭행을 당하는 여성도 많아요. 여성에게 폭행을 당하는 남성도 있지만, 그 수는 많지 않습니다.

▶ **세계가 남성과 여성이 15명씩 있는 교실이라면…**
 **4~5명의 여성이 폭행을 당한 경험이 있다**

## ? 생각해보자

● 폭행을 당하면 좋은 사람이 있을까?
● 때리는 것 말고도 어떤 폭력이 있을까?

## ★ 남성은 여성을 향한 폭력을 당장 멈추어야 한다

때리고 총을 쏘는 것처럼 몸에 가하는 것만이 폭력은 아니에요. 폭언이나 괴롭힘처럼 마음에 상처를 주는 심리적 공격도 당연히 폭력에 포함된답니다. 세계 어느 곳에나 여전히 폭력은 있어요. 폭력을 완전히 없애고 싶지만 눈앞에 놓인 현실은 그런 희망과는 거리가 멀어요. 우리는 우선 그런 상황을 똑바로 바라봐야 해요.

세계가 처한 현실은 심각합니다. 특히 여성에게 더욱 가혹하지요. 세계보건기구(WHO)가 2000년에서 2018년에 걸쳐 세계 161개 나라와 지역에서 실시한 조사에 따르면 전 세계 여성 3명 가운데 1명(30%)에 해당하는 약 7억 3,600만 명이 살면서 폭력을 경험한다고 해요. 게다가 16세에서 60세의 여성 4명 중 1명 이상(27%)이 배우자나 연인처럼 친밀한 파트너에게 폭행을 당합니다.

세상에 폭력이 존재하는 이상 지금은 폭력과 관련 없는 삶을 산다고 해도 언젠가는 폭력의 피해자가 될 가능성이 있어요. SDGs의 목표 5. '성평등 보장'에서는 여성을 향한 폭력을 없애기 위해 노력합니다. 이런 목표를 내걸 필요가 없는 세계를 만들어 가야 해요.

**이 문제와 관계있는 SDGs 목표**

### DATA

**친밀한 관계에서 일어나는 폭력 (2021년)**

'한국여성의전화'에 따르면 폭력 피해 초기 상담의 10건 중 5건은 배우자나 연인처럼 친밀한 관계에서 발생했어요. 친밀한 관계에서 일어나는 폭력은 우리나라에서도 빨리 해결해야 할 문제입니다.

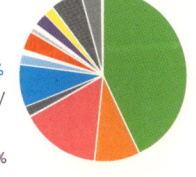

- (전)배우자 3,531건 / 43%
- (전)애인, 데이트상대자 723건 / 8.8%
- 친족 1,253건 / 15.3%
- 직장관계자 662건 / 8.1%
- 동네사람, 지인 등 287건 / 3.5%
- 단순대면인 202건 / 2.5%
- 모르는 사람 168건 / 2.0%

총 8,214건

출처: 한국여성의전화 '2021년 한국여성의전화 상담통계 분석-친밀한 관계 내 여성폭력을 중심으로'(2022.03.08.)

# 4

# 전 세계
# 10억 명의 어린이가
# 폭력 피해 경험이 있어

전 세계에는 폭력 피해를 입은 아이들이 상상을 뛰어넘을 정도로 많습니다. 무려 10억 명이나 있어요. 아동 학대 사건이 늘고 있는 우리나라도 예외는 아닙니다.

▶ 세계가 30명의 교실이라면…
  그중 13명이 폭력의 피해자다!

## 생각해 보자

- 친구가 학대를 받고 있다면 어떻게 할 수 있을까?
- 폭력을 당하면 누구에게 도움을 구해야 할까?

## ★ 세계 어린이의 40% 이상이 폭력 피해자다

2020년 6월, 유엔은 세계에서 약 10억 명의 어린이(3~18세)가 신체적, 혹은 정신적 폭력의 피해를 입고 있다고 발표했어요. 전 세계 약 23억 명의 19세 미만 어린이의 43%가 폭력을 겪고 있어요. 게다가 안타깝게도 1년 동안 약 4만 명(2017년)의 어린이가 살인 피해자가 됩니다.

코로나 영향으로 세계 각 나라에서 휴교가 이어졌어요. 그 때문에 어린이를 대상으로 한 가정폭력도 늘어났지요. 스트레스가 쌓인 부모가 아이에게 화풀이를 하거나, 때리고, 폭언을 쏟는 거지요.

우리나라도 예외는 아니었어요. 보건복지부의 조사에 따르면 2020년 아동 학대 신고접수 중 가해자가 부모인 경우는 82.1%로 2012년 이후 가장 높았어요. 또 전체 아동 학대 중 87.4%가 집에서 일어났습니다. 학대로 사망한 어린이도 43명이나 있었어요. 코로나 사태가 길어지며 보이지 않는 곳에서 학대받는 어린이들이 늘었답니다. 만약 친구가 평소와 달리 느껴진다면 못 본 척하지 말고 주위의 어른들에게 상담해 보세요.

출처: 머니투데이 '코로나 2년 '학폭' 줄어 좋아했더니…"부모가 때렸다"'(2022.03.11.)

이 문제와 관계있는 SDGs 목표

### DATA

### 우리나라의 아동 학대 신고 수 및 검거 수의 변화

경찰청에 따르면 아동 학대 신고 건수는 매년 증가하고 있어요. 아동 학대 혐의로 검거된 수 역시 함께 늘어나고 있습니다. 이러한 경향은 코로나 사태 이후 더욱 심각해져 2021년 1월부터 9월까지만 따져도 신고 수는 1만 9,582건, 검거 수는 8,392건으로 2020년 수치를 넘어섰어요.

출처: 경향신문 '코로나19에 고립된 채 '부모에게' 학대받는 아이들…아동학대 5년간 증가'(2022.01.23.)

# 5

# 연간 1,200만 명의 여자 어린이가 16세 전에 결혼한다

인도에서도 가장 가난한 주에 속하는 비하르주의 어린 엄마. 인도에서는 법적으로 아동결혼을 인정하지 않지만, 여자 어린이에게 결혼을 강요하는 풍습이 뿌리 깊게 남아 있어요.

▶ 16세 전에 결혼하는 여자 어린이는 20명 중 1명, 19세 전에 결혼하는 여자 어린이는 5명 중 1명

출처: Travel Stock/Shutterstock.com

### 생각해보자

● 내일 모르는 사람과 결혼해야 한다면 어떻게 할 거니?
● 여자 어린이의 아동결혼이 많은 이유는 무엇일까?

# ★ 결코 행복하지 않은 '어린 신부'

'결혼'이라는 단어를 들으면 어떤 생각이 드나요? 아마 사랑하는 두 사람이 서로의 마음을 확인하고 맺어지는 것이라고 생각할 거예요. 하지만 꼭 그런 것만은 아니랍니다.

유니세프를 포함한 유엔 기구에서는 '19세 미만의 결혼, 혹은 그에 준하는 상태'를 아동결혼이라고 정의하고 있어요.

18페이지에서 설명했듯 세계에는 초등학교에 다닐 나이에 강제로 결혼해 학교에 다니지 못하게 되는 아이들이 많아요. 엄마와 아기 모두에게 위험한 조기 출산을 해야 하는 여자 어린이들도 있습니다. 원하지 않는 출산인 경우도 많지요. 그 배경에는 가난뿐 아니라 오래된 관습 등 다양한 원인이 있어요.

전 세계 여성 중 19세가 되기 전에 결혼한 사람은 6억 5,000만 명에 달해요. 약 3명 중 1명이 '어린 신부'가 되는 나라는 남아시아(2억 8,500만 명)가 가장 많으며 사하라 이남 아프리카(1억 1,500만 명)가 그 뒤를 잇고 있습니다. 아동결혼이 불러오는 다양한 문제점이 밝혀지며 세계적으로 줄어드는 추세이지만, 지금도 매년 1,200만 명의 여자 어린이가 아동결혼에 내몰린다고 추측되고 있어요.

이 문제와 관계있는 SDGs 목표

## DATA

### 아동결혼의 비율이 높은 나라 상위 5위

오른쪽 표는 21~25세의 인구 중 19세 미만에 결혼한 비율을 나타냅니다. 19세 미만에 결혼하는 남자 어린이도 1억 1,500만 명으로 추정됩니다.

| 남자 어린이 | | | 여자 어린이 | |
| --- | --- | --- | --- | --- |
| 나라 명 | 아동결혼율 | 순위 | 아동결혼율 | 나라 명 |
| 중앙아프리카 | 27.9% | 1위 | 76.3% | 니제르 |
| 니카라과 | 19.4% | 2위 | 67.9% | 중앙아프리카 |
| 마다가스카르 | 12.9% | 3위 | 66.9% | 차드 |
| 나우루 | 12.3% | 4위 | 64.9% | 방글라데시 |
| 온두라스 | 12.2% | 5위 | 52.9% | 모잠비크 |

출처: UNICEF 「Child marriage among boys: A global overveiw of available data」

# 6

# 우리나라 어린이 7명 중 1명은 상대적 빈곤을 겪고 있다

'절대적 빈곤'이 아니기 때문에 겉으로 봐서는 알기 어렵지만 우리나라에서도 14.5%의 어린이가 '상대적 빈곤'을 겪고 있어요. 이것이 우리나라가 처한 현실이에요.

▶ **우리나라 어린이가 30명의 교실이라면…**
  **4~5명은 상대적 빈곤에 빠져 있다**

### 생각해 보자

● '절대적 빈곤'과 '상대적 빈곤'의 차이를 아니?

● 우리나라의 '상대적 빈곤율'이 높은 이유를 조사해 보자

## ★ 선진국에 들어섰다는 한국, 하지만 빈곤율은 높다?!

SDGs의 목표 1이 '빈곤층 감소와 사회안전망 강화'인 것에서 알 수 있듯 '빈곤'은 가장 빨리 해결해야 할 문제 중 하나예요. 그런데 빈곤에는 '상대적 빈곤'과 '절대적 빈곤'이 있답니다.

아프리카의 비쩍 마른 아이처럼 국제 빈곤 기준선인 하루 1.90달러(약 2,000원)에 미치지 못하는 생활을 하는 사람은 우리나라에 거의 없어요. 하지만 상대적 빈곤율은 선진국 중에서도 높은 축에 속하지요. '상대적 빈곤'이 어떤 거냐고요? 간단히 말해 어떤 나라에서 부자도, 가난한 사람도 아닌 '딱 중간'에 있는 사람과 비교해 그 사람이 버는 것의 절반에 못 미치는 돈으로 생활해야 하는 상태를 가리키는 거예요.

통계개발원에 따르면 2017년 우리나라의 아동 빈곤율은 14.5%였어요. 어린이 약 7명 중 1명이 빈곤 상태에 있는 거지요. 상대적 빈곤은 눈에는 잘 보이지 않아요. 하지만 그런 가정에서는 부모님과 사이가 나빠지는 바람에 아이가 의욕을 잃어 학력이 떨어지는 등 여러 가지 문제가 일어난다는 지적도 있습니다.

출처: 통계개발원

이 문제와 관계있는 SDGs 목표

### DATA
**OECD 주요 회원국의 아동 빈곤율(2017년)**

우리나라의 아동 빈곤율은 14.5%로 OECD 평균인 13.1%에 비해 1.4% 높아요. OECD 회원국 중에서도 다소 높은 편이라 할 수 있어요.

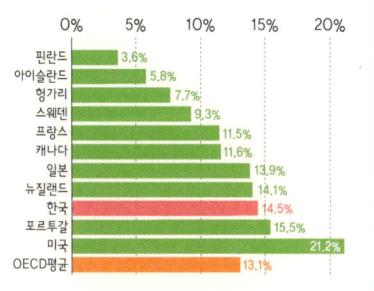

출처: 통계개발원 「아동·청소년 삶의 질 지표 분석 결과」

## 7

# 빈부 격차는 벌어지고 있다!
## 우리나라의 경제 격차도 크다

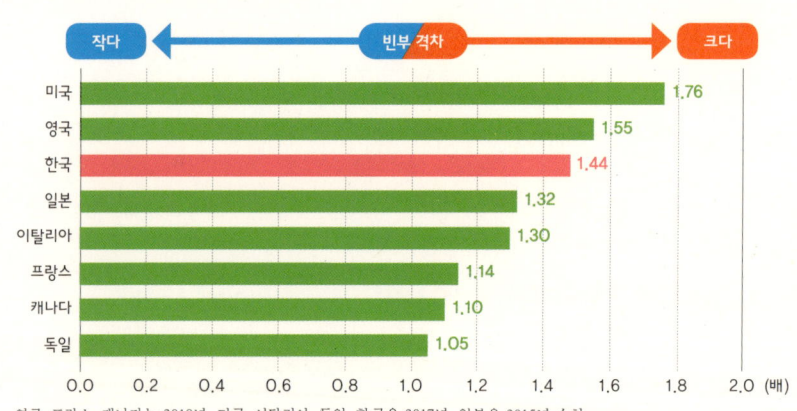

● G7(주요 7개국)과 한국의 팔마 비율

작다 ← 빈부 격차 → 크다

- 미국 1.76
- 영국 1.55
- 한국 1.44
- 일본 1.32
- 이탈리아 1.30
- 프랑스 1.14
- 캐나다 1.10
- 독일 1.05

영국, 프랑스, 캐나다는 2018년, 미국, 이탈리아, 독일, 한국은 2017년, 일본은 2015년 수치

미국과 영국에 이어 우리나라의 빈부 격차가 커지고 있음을 알 수 있어요. 남아프리카공화국처럼 팔마 비율이 7.03배(2015년)로 극단적으로 격차가 큰 나라도 있어요.

▶ **우리나라 상위 10%에 속하는 사람들의 소득 합계는 하위 40% 소득 합계의 1.44배**

출처: OECD, 한경 경제용어사전 및 통계청

### 생각해 보자

● '하위 40%의 총소득보다 상위 10%의 총소득이 더 많다'는 것이 어느 정도의 격차를 의미하는지 상상해 보자

## ★ 빈부 격차가 계속 벌어지는 세계

　빈부 격차가 계속 벌어지고 있어요. 2020년 1월, 국제적인 비정부기구인 옥스팜 인터내셔널은 2019년 기준 10억 달러(약 1조 2,300억 원) 이상의 자산을 가진 부유층의 수가 2,153명으로, 이들의 자산 합계는 46억 명의 자산 합계를 웃돈다고 발표했어요. 유엔도 전 세계 나라 중 3분의 2에 해당하는 나라에서 소득 격차가 더 벌어지며 불평등이 심각해지고 있다고 지적했습니다.

　1980년대 후반만 해도 우리나라에는 자신을 중산층이라고 생각하는 사람이 많았어요. 하지만 지금은 78페이지에서 설명한 상대적 빈곤율을 보면 알 수 있듯 어린이 7명 중 1명이 빈곤 상태에 빠져 있어요. 우리나라에서도 자꾸만 벌어지는 경제 격차가 문제입니다. 실제로 SDGs의 목표 10. '모든 종류의 불평등 해소'에서 '과제가 많다'는 평가를 받기도 했어요.

　소득 불평등을 나타내는 지표 중에 '팔마 비율'이라는 것이 있습니다. 우리나라의 팔마 비율은 2011년 1.74에서 2017년 1.44로 줄어들고 있지만, 여전히 세계적으로 높은 축에 속해요.

이 문제와 관계있는 SDGs 목표

### 알아두어야 할 용어

**팔마 비율**

하위 40%의 총소득에 대한 상위 10%의 총소득 비율을 가리킵니다. 코로나19와 같은 큰 변화가 있으면 중간층 50%보다 상위 10%와 하위 40%의 총소득이 더 큰 영향을 받습니다. 부유층은 더욱 부를 축적하고, 빈곤층은 더욱 가난해지는 거예요. 팔마 비율은 그런 격차의 움직임을 알기 쉽게 나타내는 지표랍니다.

## 8

# 세계 어린이 12명 중 1명은 초등학교에 다니지 못한다!

희망이 가득한 얼굴로 초등학교 입학 서류를 들고 있는 남수단 어린이. 분쟁으로 부모를 잃고 혼자 사는 어린이가 많은 남수단에서 초등학교에 갈 수 있는 어린이는 일부입니다.

▶ **남수단 어린이 100명 중 62명이 초등학교에 다니지 못한다**

출처: Adriana Mahdalova/Shutterstock.com

### ? 생각해 보자

- 학교에 갈 수 없는 어린이의 마음을 상상해 보자
- 공부를 하지 않으면 나중에 어떤 문제를 겪을까?

## ★ 절반 이상의 어린이가 학교에 가지 못하는 나라도 있다

우리나라는 초등학교와 중학교까지 의무 교육이에요. 모든 어린이가 9년 동안 무상으로 학교에 다닐 수 있지요. 하지만 세계를 돌아보면 난민이 되어 도저히 학교에 다닐 형편이 안 되는 어린이나 가난해서 학교에 다닐 수 없는 어린이도 많습니다. 자기 뜻과 상관없이 가난한 집에서 태어나서, 혹은 어른들의 사정으로 시작된 분쟁에 휩쓸리는 바람에 '학교에 다니고 싶다'는 당연한 소망을 이룰 수 없는 거예요.

유니세프에 따르면 2018년 초등학교에 다녀야 할 나이(7~12세)인 세계의 어린이 중 8.2%가 학교에 다니지 못하고 있습니다. 12명 중 1명에 해당하는 셈이에요. 그 수는 5,910만 명에 달합니다. 그중 3,220만 명이 집중되어 있는 사하라 이남 아프리카에서는 어린이 5명 중 1명(18.8%)이 학교에 다니지 못해요. 특히 분쟁과 빈곤에 시달리는 남수단(62%), 적도 기니(55%)와 같이 초등학교에 다니지 못하는 어린이 비율이 절반을 넘는 나라도 있어요.

어떤 집에서 태어나고, 어떤 나라에서 태어나느냐에 따라 공부할 기회가 바뀐다면 너무 불공평한 일일 거예요. 당장 없어져야 할 불평등 중 하나입니다.

이 문제와 관계있는 SDGs 목표

### DATA
**초등학교에 다니지 않는 남녀 어린이의 비율(2018년)**

공부할 기회를 빼앗기는 것은 미래의 재능을 빼앗기는 일로 이어집니다. 초등학교에 다니지 못하는 전 세계 어린이의 남녀 비율을 보면 여자 어린이가 550만 명이나 더 많다는 것을 알 수 있어요.

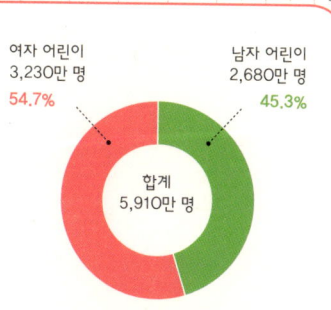

여자 어린이 3,230만 명 54.7%
남자 어린이 2,680만 명 45.3%
합계 5,910만 명

출처: UNESCO, UIS 「Fact Sheet no.56 September 2019」

## 9

# 장애인 10명 중 3명은 차별을 경험한다

장애가 있는 사람이 곤란해 하는 장면을 보면 어떻게 도와주어야 좋을지 물어보세요. 눈으로 봐서 알 수 없는 사람도 있으니 겉모습만으로 판단하지 않는 것도 중요하답니다.

▶ 세계가 30명의 교실이라면…
  4~5명은 어떤 형태로든 장애를 가지고 있다

**? 생각해보자**

- 왜 누군가를 차별하게 될까?
- '합리적 배려'라는 말의 의미를 조사해 보자

# ★ 세계 인구의 약 15%는 장애를 안고 살아간다

'장애'라는 한마디로 정리되지만 그 안에는 신체적인 것, 정신적인 것, 감각적인 것 등 다양한 형태가 있어요. 선천적인 장애뿐 아니라 사고나 병으로 장애를 갖게 되는 사람도 있어요. 세계에는 어떤 형태로든 장애를 가지고 있는 사람이 약 10억 명(세계 인구의 15%)이나 있습니다.

2014년에서 2019년에 걸친 유엔의 자료에 따르면 장애인 10명 중 3명이 개인적인 차별을 경험했다고 합니다. 성별로 보면 남성보다 여성이 더 많은 차별을 받았어요. 차별은 장애뿐 아니라 종교, 민족, 성별 등 다양한 원인이 복잡하게 얽혀서 일어나는 거예요. 지금은 장애가 없는 사람도 사고나 병으로 장애인이 될 수 있어요. 그때 차별을 받는다면 어떤 기분일까요?

장애가 있으면 사회생활을 할 때 여러 사람의 도움이 필요해요. 회사나 공공기관이 도움을 요청한다면, 장애가 없는 사람들에게 부담이 크지 않은 범위에서 대응하는 '합리적 배려'가 요구됩니다. 장애가 있는 사람도 없는 사람도 모두 서로의 존재를 인정하며 부당한 차별이 없는 세계를 만들어 가는 것이 중요해요.

제4장 '차별'과 '격차'의 현실을 숫자로 알아보자

이 문제와 관계있는 SDGs 목표

## DATA

### 우리나라의 장애인 수(2020년)

고령화 진행과 맞물려서 우리나라의 장애인 수는 늘어나는 추세입니다. 전체 인구 대비 장애인 비율은 2018년 5%, 2019년 5.1%, 2020년 5.1%로 국민 20명 중 1명은 장애인인 셈이에요. 특히 2020년 새로 등록한 장애인 8만 3,000명 중 65세 이상 고령층이 55.1%를 차지했습니다.

|  | 2008년 | 2011년 | 2014년 | 2017년 | 2020년 |
|---|---|---|---|---|---|
| 만 0-17세 | 3.9 | 3.5 | 2.7 | 3.3 | 3.0 |
| 만 18-29세 | 4.0 | 4.2 | 4.1 | 4.6 | 4.2 |
| 만 30-39세 | 7.4 | 7.2 | 6.7 | 4.8 | 4.8 |
| 만 40-49세 | 16.7 | 14.2 | 12.5 | 10.4 | 9.5 |
| 만 50-64세 | 32.0 | 32.1 | 30.7 | 30.3 | 28.7 |
| 만 65세 이상 | 36.1 | 38.8 | 43.3 | 46.6 | 49.9 |
| 만 65-74세 | 25.6 | 23.8 | 23.5 | 23.5 | 22.0 |
| 만 75세 이상 | 10.5 | 15.0 | 19.8 | 23.1 | 27.9 |

(단위: %)

출처: 보건복지부 「2020년 등록장애인 현황」, 이투데이 '작년 등록 장애인 수 1만4,000명 증가…고령화에 증가세 지속'(2021.04.19.)

COLUMN

# 유엔의 식량원조기구 '유엔세계식량계획'

유엔세계식량계획(WFP)은 기아로 고통 받는 사람들, 분쟁이나 재해로 먹을 것이 부족한 사람들에게 식량을 지원하는 유엔 기구입니다.

1961년에 설립된 이후 100개 이상의 나라에 도움을 주었어요. 2019년만 해도 59개 나라의 1,730만 명에게 학교 급식을 제공하고, 65개 나라에 대해서는 그 나라에서 어린이들에게 학교 급식을 제공할 수 있게 지원했습니다. 이 덕분에 3,900만 명의 어린이가 학교 급식을 먹을 수 있었습니다. 개발도상국에서 학교 급식은 어린이들의 중요한 영양 공급원이지요. 코로나19가 퍼진 후에는 학교가 문을 닫아 급식을 먹을 수 없게 된 어린이들에게 음식을 전하는 활동에 힘을 쏟고 있습니다. 이런 활동이 평가받아 2020년에는 노벨평화상을 수상하기도 했어요.

5만 원을 기부하면 어린이 1명이 1년 동안 먹을 급식을 지원할 수 있다고 합니다. 기부나 활동 내용에 흥미가 있다면 세계식량계획 홈페이지를 방문해 보세요.

유엔세계식량계획 홈페이지

# 제 5 장 '환경'의 현실을 숫자로 알아보자

# 1

# 이대로 가면 지구의 기온은 2100년까지 최대 3.2℃ 상승한다

지구온난화로 북극과 남극의 얼음이 점점 빠른 속도로 녹고 있어요. 그 영향으로 해수면이 조금이라도 상승하면 전 세계에서 높은 파도가 발생할 위험도 커집니다.

▶ **세계의 기온이 3.2℃ 상승하면 지구는 사람을 비롯한 생물이 살기 힘든 곳이 된다**

### ? 생각해 보자

- 왜 지구가 따뜻해지고 있는지 조사해 보자
- 지구온난화를 막기 위해서는 어떻게 해야 좋을까?

## ★ 지구의 기온은 점점 높아지고 있다!

어른들에게 물으면 "예전보다 여름이 더워졌다"고 대답하실 거예요. 실제로 세계 전체의 기온이 점점 올라가고 있거든요. 2020년에는 세계 평균 기온이 관측 사상 최고를 기록했습니다. 2100년에는 세계 평균 기온이 최대 3.2℃까지 상승할 것이라는 예측도 있어요. 그렇게 되면 해수면이 상승해서 열파나 가뭄 같은 자연재해가 일어날 위험이 커집니다. 사람뿐 아니라 지구에 사는 다른 동식물의 생태계에도 악영향을 미치게 될 거예요.

세계적인 협력을 통해 상승폭을 1.5℃에 머무르게 하려고 노력 중이지만 현재로는 목표 달성이 어려운 상황이에요.

지구온난화가 심각해지면 비가 내리지 않아 농작물을 수확할 수 없어질 거예요. 물이 부족한 지역이 늘어나 나라끼리 물을 두고 싸우는 일이 벌어질지도 모릅니다. 빈곤을 없애기 위해 숲을 깎아 농경지로 만들면 가난은 극복할 수 있을지 모르지만, 이산화탄소 같은 온실가스를 흡수해 줄 나무들이 사라지는 거예요. SDGs가 해결하고자 노력하는 '환경', '평화', '인권'과 같은 문제는 서로 상관없어 보이지만 사실은 아주 깊은 관계를 맺고 있답니다.

이 문제와 관계있는 SDGs 목표

**DATA**

### 세계의 연평균 기온 변화

2020년 세계 평균 기온은 기준치(1981~2010년의 30년간 평균치)보다 0.45℃ 높습니다. 1891년 통계를 시작한 이후 2016년과 더불어 가장 높았습니다. 오른쪽 그래프를 보면 알 수 있듯 지구는 계속 따듯해지고 있어요.

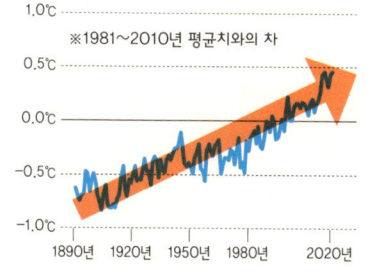

출처: 일본 기상청

## 2

# 2050년에는 해양 플라스틱의 양이 바다에 있는 물고기보다 많아진다고?

해파리로 착각해 비닐을 먹는 거북. 잘못 먹은 플라스틱이 배 속에 쌓이면 원래 먹어야 할 먹이를 먹지 못하게 돼 결국 죽고 말아요.

▶ **동해에서도 비닐봉지를 먹고 죽는 거북들이 발견된다!**

● 평소에 어떤 플라스틱 제품을 얼마나 쓰고 있는지 살펴보자!

## ★ 물고기보다 플라스틱이 더 많아진다?!

우리나라에서도 2018년 4월 1일부터 일회용 비닐봉지 사용을 금지하기 시작했어요. 자꾸 늘어나는 플라스틱 쓰레기를 줄이기 위한 시도이지요.

'해양 플라스틱 쓰레기'는 지금 세계적으로 문제가 되고 있어요. 우리가 쓰는 페트병이나 비닐봉지도 사실은 플라스틱이에요. 이런 것을 함부로 버리면 바다로 흘러 들어가서 '해양 플라스틱 쓰레기'가 되어 바다를 더럽히고, 바다에 살고 있는 생물에게 악영향을 미칩니다.

세계경제포럼은 '해양 플라스틱 쓰레기가 지금처럼 늘어나면 2050년에는 해양 플라스틱 쓰레기의 양이 바다에 있는 물고기의 양보다 많아질 것'이라는 예측을 내놓았습니다. 플라스틱 쓰레기가 일으킨 오염 때문에 물고기가 살 수 없어지면 우리는 더 이상 생선을 먹을 수 없을지 몰라요.

또 미국의 국립과학공학의학원의 보고에 따르면 한국인 1명이 1년 동안 배출하는 플라스틱 쓰레기는 88kg으로 미국(130kg)과 영국(99kg)의 뒤를 잇는 세계 3위라고 합니다. 우리는 이 문제를 더 심각하게 생각해야 해요.

출처: 강원일보 '[여론마당]플라스틱 쓰레기 강력 규제를'(2022.02.15.)

**이 문제와 관계있는 SDGs 목표**

### DATA

**육지에서 바다로 배출되는 플라스틱 쓰레기 발생량 (2010년 추정) 순위**

| 순위 | 나라 명 | 발생량 |
| --- | --- | --- |
| 1위 | 중국 | 353만t/년 |
| 2위 | 인도네시아 | 129만t/년 |
| 3위 | 필리핀 | 75만t/년 |
| 4위 | 베트남 | 73만t/년 |
| 5위 | 스리랑카 | 64만t/년 |
| 20위 | 미국 | 11만t/년 |
| 30위 | 일본 | 6만t/년 |

※추정량의 최대치를 기재

다소 오래된 2010년 자료이지만 바다로 플라스틱 쓰레기를 많이 버리는 것은 모두 아시아 나라들입니다.

출처: Jenna R. Jambeck 외 「Plastic waste inputs from land into the ocean」 Science(2015)

# 3

# 한국의 재생에너지 비율은 6.5%로 세계 최저 수준

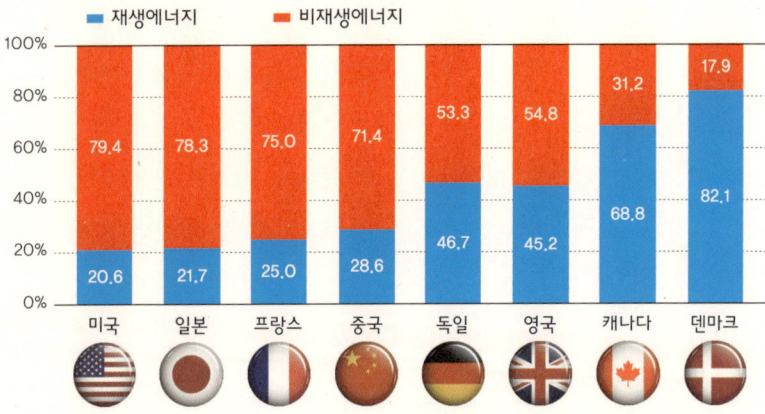

재생에너지의 비율이 82.1%로 높은 환경 선진국 덴마크는 풍력 발전의 비율이 59.7%로 높습니다. 원자력 발전을 이용하지 않는다는 국가 방침을 지키는 것도 특징이지요.

▶ **우리나라 총발전량에서 재생에너지가 차지하는 비율은 6.4%(2020년)로 아주 낮은 수준이다**

출처: IEA 「Monthly electricity statistics, March 2021」, 한국에너지공단 신재생에너지센터

### 생각해보자

● 원자력 발전소는 꼭 필요할까?

● 재생에너지에는 어떤 것이 있을까?

# ★ 안전 신화가 무너진 원자력 발전소

2011년 3월 11일, 동일본대지진으로 발생한 쓰나미가 후쿠시마 제1원자력 발전소를 파괴하며 방사성 물질이 확산되었어요. 그 결과 발전소 주변에는 사람이 살 수 없게 되었고, 10년이 넘은 지금도 후쿠시마 현 후타바마치와 나미에마치는 출입금지 구역으로 남아 있습니다. 그동안 원자력 발전소는 철저한 관리가 이루어졌기 때문에 안전하다고 믿어 왔습니다. 그 안전 신화가 동일본대지진으로 무너져 버린 겁니다.

왜 원자력 발전소가 필요할까요? 전력 발전의 대부분을 차지하는 화력 발전에 필요한 석유나 천연가스, 석탄 같은 자원이 한정되어 있기 때문이에요. 원자력 발전에서 사용되는 우라늄은 석유와 천연가스, 석탄보다 값이 싸고 석유나 석탄을 태울 때 발생하는 온실가스도 나오지 않는답니다.

하지만 동일본대지진 이후 일본을 비롯한 각 나라에서는 태양광, 풍력, 수력, 지열과 같은 재생에너지를 이용한 발전에 주목하고 있어요. 온실가스 배출 없이 전기를 만들어 낼 수 있기 때문입니다. 다만 왼쪽 그래프를 보면 알 수 있듯 전 세계적으로 보았을 때 재생에너지의 비율은 아직도 낮은 수준에 머물러 있어요. 특히 우리나라의 재생에너지 비율은 주요국과 비교해 낮은 수준이랍니다.

이 문제와 관계있는 SDGs 목표

제5장 '환경'의 현실을 숫자로 알아보자

## DATA

### OECD 회원국의 재생에너지 비율(2020년)

OECD 회원국 36개 나라(이스라엘 제외)의 2020년 재생에너지 비율은 31.6%로, 지난해 28.6%에서 3.0% 증가했습니다. 하지만 우리나라는 평균을 밑돌고 있습니다.

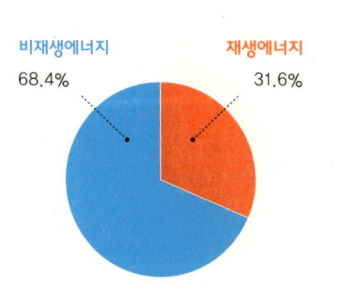

출처: IEA 「Monthly electricity statistics, March 2021」

# 4

# 세계에서 발생하는 전자 폐기물은
# 1인당 연간 7.3kg

아프리카 가나의 수도인 아크라 근교에 있는 세계 최대의 폐기장. 전자 폐기물에는 유독 물질이 포함되어 있어서 이곳에서 일하는 청년들 중에는 암으로 죽는 사람이 많아요.

▶ **한국인의 전자 폐기물 배출량은 1인당 15.8kg으로 세계 평균의 2배가 넘는다**

출처: Aline Tong/Shutterstock.com

## 생각해 보자

● 스마트폰을 만들려면 귀중한 자원이 필요하다는 사실을 알고 있었니?
● 가전제품을 어떻게 버리는지 어른들에게 물어보자!

## ★ 재활용되지 못하는 귀중한 자원들!

지금은 모두가 당연하다는 듯 스마트폰이나 컴퓨터 같은 전자기기를 사용하고 있어요. 신제품이 나오면 새로 사고, 낡은 기종은 쓰레기(=전자 폐기물)가 되지요. 전자 폐기물은 매년 늘어나 환경과 경제에 큰 부담이 되고 있어요.

유엔의 '글로벌 전자 폐기물 통계 파트너십(GESP)'에 따르면 2019년 배출된 전 세계의 전자 폐기물은 약 5,360만 톤으로 1인당 7.3kg인 셈입니다. 한국은 그중 약 1.6%(81만 8,000톤)를 차지하고 있어 1인당 배출량은 15.8kg입니다. 세계 평균의 2배가 넘는 양을 버리고 있는 거예요. 전 세계의 전자 폐기물은 앞으로도 계속 늘어날 전망이어서 2030년까지 7,470만 톤으로 늘어난다고 해요.

스마트폰에는 리튬이나 코발트처럼 매장량이 한정되어 있는 귀중한 자원이 사용됩니다. 이런 자원은 전자 폐기물에서 수거해서 재활용할 수 있지만 2019년 전 세계의 재활용 비율은 17.4%에 머물러 있어요. 특히 아프리카에서는 재활용이 전혀 이루어지고 있지 않아 고작 0.9%에 불과합니다.

출처: 동아닷컴 '전자 폐기물 年5000만t… "수리해 쓸 권리를 달라!"'(2021.01.04.)

이 문제와 관계있는 SDGs 목표

## DATA

### 지역별 전자 폐기물 재활용률(2019년)

환경 의식이 높은 유럽에서는 42.5%로 재활용률이 높아요. 하지만 그 외의 지역에서는 세계 평균인 17.4%를 밑도는 것이 현실입니다.

| 지역 | 1인당 전자 폐기물 배출량 | 재활용률 |
|---|---|---|
| 아프리카 | 2.5kg | 0.9% |
| 남북 아메리카 | 13.3kg | 9.4% |
| 아시아 | 5.6kg | 11.7% |
| 유럽 | 16.2kg | 42.5% |
| 오세아니아 | 16.1kg | 8.8% |
| 세계 평균 | 9.0kg | 17.4% |

출처: GESP 「The Global E-waste Monitor 2020」

# 5

# 대기 오염으로 인한 조기 사망자가 2016년 420만 명!

세계 최악의 대기 오염에 시달리는 방글라데시의 수도 다카. 다카에만 해도 2,000개 이상 있는 벽돌 공장에서 나오는 연기가 대기 오염의 가장 큰 원인이라고 합니다.

▶ 2016년 전 세계 도시에 사는 사람 10명 중 9명이 기준치를 넘는 PM2.5를 들이마셨다

### 생각해 보자

- '광화학 스모그'라는 말을 들어본 적 있니?
- 대기 오염이 가져오는 건강 피해를 조사해 보자

# ★ PM2.5는 해외에서도 날아온다!

우리나라도 대기 오염이 큰 문제가 되고 있습니다. 밖에서 놀다가 미세먼지 주의보 때문에 집에 들어와야 했던 경험이 있을 거예요. 다만 코로나19로 산업 활동이 줄어들며 한동안 대기질이 좋아지기도 했었습니다. 생명을 위협할 정도로 대기를 오염시키는 원인은 최근 경제가 급속히 발전하고 있는 중국이나 인도 같은 나라에서 배출되는 유해한 PM2.5(초미세먼지)입니다. 눈에 보이지 않을 정도로 작은 PM2.5를 장기간에 걸쳐 대량으로 마시면 목이나 기관지, 폐에 나쁜 영향을 미쳐 최악의 경우에는 목숨을 잃을 수 있어요.

왼쪽 사진은 방글라데시의 수도 다카입니다. 대기 오염 때문에 안개가 낀 것처럼 보이며 코로나19가 퍼지기 전부터 마스크를 써야 했을 정도였습니다. 유엔에 따르면 2016년을 기준으로 대기 오염 때문에 조기 사망에 이른 사람이 420만 명이라고 합니다.

전 세계의 하늘은 연결되어 있어요. 실제로 중국의 PM2.5가 다른 나라로 날아가기도 합니다. 아무리 우리나라 공기가 깨끗하다 해도 오염 물질이 이웃 나라에서 날아올 수도 있는 거예요. 그러니 세계의 모든 나라가 협력해야 이 문제를 해결할 수 있답니다.

제5장 '환경'의 현실을 숫자로 알아보자

이 문제와 관계있는 SDGs 목표

## DATA

### PM2.5 농도 순위 (2020년)

PM2.5가 일으키는 심각한 대기 오염에 시달리는 나라는 개발도상국에 집중되어 있어요. 2020년 가장 공기가 나빴던 곳은 방글라데시였으며 도시 별로 보면 중국과 인도의 도시가 높은 순위를 차지하고 있습니다.

| 순위 | 나라 명 | 2020년 평균 |
|---|---|---|
| 1위 | 방글라데시 | 77.1μg/m³ |
| 2위 | 파키스탄 | 59.0μg/m³ |
| 3위 | 인도 | 51.9μg/m³ |
| 4위 | 몽골 | 46.6μg/m³ |
| 5위 | 아프가니스탄 | 46.5μg/m³ |
| 41위 | 한국 | 19.5μg/m³ |
| 82위 | 일본 | 9.8μg/m³ |

출처: IQAir 「World's most polluted contries 2020(PM2.5)」

# 6

# 13.8%의 음식이 소비자에게 도착하기도 전에 버려진다!

사진 속 버려진 빵을 보면 어떤 생각이 드나요? 분명 아직 먹을 수 있는 빵일 거예요. 음식물을 낭비하지 않으려면 어떻게 해야 좋을지 생각해 봅시다.

▶ **세계에는 기아로 고통받는 사람도 있지만 한편에서는 연간 13억 톤이나 되는 음식이 버려지고 있다**

### 생각해 보자

- 밥을 다 먹을 수 없을 때는 어떻게 하니?
- 식재료를 수입하면서 대량으로 버리는 상황을 어떻게 생각하니?

# ★ 버려지는 아까운 음식! 환경에도 악영향

2020년 약 76억 명이던 인구가 2030년에는 85억 명, 2050년에는 97억 명으로 증가할 것으로 유엔은 예상하고 있어요. 지금도 기아로 고통받는 사람이 있는데 인구는 계속 증가할 테니 버려지는 식량을 줄이는 일은 더욱 중요해질 거예요. 하지만 2016년에는 식량의 13.8%가 '수확 → 수송 → 저장 → 가공'의 단계를 거치는 사이 손실되었어요. 금액으로 따지면 4,000억 달러(약 494조 원)나 됩니다.

또 전 세계에서 아직 먹을 수 있는 음식이 매년 13억 톤씩 버려지고 있어요. 우리나라에서도 1년에 570만 톤의 음식물 쓰레기가 만들어지고 있어요. 한 사람이 매일 300g씩 음식물 쓰레기를 버리는 셈입니다. 우리나라는 식량 자급률이 낮아 대량의 식품을 수입하는 나라이기도 해요. 그런데도 말도 안 될 만큼 많은 양의 '식품 손실(아직 먹을 수 있는데 버려지는 음식을 가리키는 말)'이 있는 거예요. 게다가 버려진 음식이 타는 쓰레기가 되어 태워질 때는 지구온난화의 원인이 되는 이산화탄소를 배출합니다. 음식을 버리면 아까울 뿐 아니라 환경에도 악영향을 미치는 거예요.

출처: 머니투데이 '전 세계 식량위기 해결할 기술, 여기 다 모였다'(2021.06.26.)

**이 문제와 관계있는 SDGs 목표**

## DATA

### 일본의 식품 손실 변화

일본은 전 세계에서 유일하게 식품 손실 저감 법률을 만들어서 정책으로 추진하는 나라예요. 이러한 노력으로 식품 손실도 줄어들고 있어요. 2018년 식품 손실은 통계를 시작한 2012년도 이후 가장 적은 600만 톤이었습니다.

| (만 톤) | 사업 관련 | 가정 관련 | 합계 |
|---|---|---|---|
| 2013년도 | 330 | 302 | 632 |
| 2014년도 | 339 | 282 | 621 |
| 2015년도 | 357 | 289 | 646 |
| 2016년도 | 352 | 291 | 643 |
| 2017년도 | 328 | 284 | 612 |
| 2018년도 | 324 | 276 | 600 |

출처: 일본 농림수산성 식료산업국, 프레시안 '먹기도 전에 버려지는 음식들…'식품 손실' 막는 일본의 대안은?'(2022.04.23.)

## 7

# 2030년까지 물 부족으로 살 곳을 잃는 사람이 7억 명

예전에는 호수였지만 지금은 완전히 말라 버린 곳에 버려진 배. 아랄 해가 말라 버린 자리는 사막화가 진행되어 사람이 살 수 없는 장소가 되었습니다.

▶ **2030년까지 전 세계의 인구 약 11명 중 1명이 물 부족으로 살 곳을 잃게 될지도 모른다**

### 생각해 보자

- 왜 지속 불가능한 방식으로 물을 사용했을까?
- 아랄 해가 지금 어떤 상황인지 조사해 보자

# ★ 사람은 물 없이 살아갈 수 없다

사람은 물 없이 살아갈 수 없어요. 우리나라에서는 수도꼭지만 돌리면 물이 나오니 물 부족이라는 말이 잘 와닿지 않을 거예요. 하지만 물 부족은 세계적으로 큰 문제입니다. 예를 들어 한때 세계 4위의 호수 면적을 자랑했던 카자흐스탄과 우즈베키스탄 사이에 있는 대형 호수 아랄 해는 물 부족으로 말라 버렸어요. 호수 면적이 반세기 만에 10분의 1 수준으로 크게 줄어들었지요.

지구온난화로 호수의 증발량이 늘어난 것도 원인 중 하나였지만, 더 큰 원인은 아랄 해로 흘러들어오는 2개의 강물이었어요. 농업과 수력 발전을 위해 대량의 강물을 함부로 써 버린 거예요. 물이 없어지자 농업과 수력 발전은 물론 어업조차 할 수 없어졌고, 그 결과 수만 명이 살 곳을 잃었습니다. 유엔은 이런 일을 겪게 될 피난민이 2030년까지 최대 7억 명에 이를 가능성이 있다고 경고하고 있어요.

물을 계획적으로 이용하지 않으면 생활에 큰 곤란을 겪게 되는데도 호수가 마를 때까지 물을 써 버린 것은 다름 아닌 사람입니다. 아랄 해에서 벌어진 환경 파괴는 왜 지속가능한 형태로 에너지를 이용해야 하는지 그 중요성을 가르쳐 주고 있습니다.

**이 문제와 관계있는 SDGs 목표**

### 알아두어야 할 용어

**아랄 해**

카자흐스탄과 우즈베키스탄 사이에 있는 호수예요. '20세기 최대'라고 불릴 정도로 심각한 환경 파괴 때문에 호수 면적이 10분의 1로 줄어들어 왼쪽 사진(1989년)에서 오른쪽 사진(2014년)과 같은 상태가 되었습니다.

# 8

# 환경 문제에 관심이 있는 우리나라 사람은 78.6%

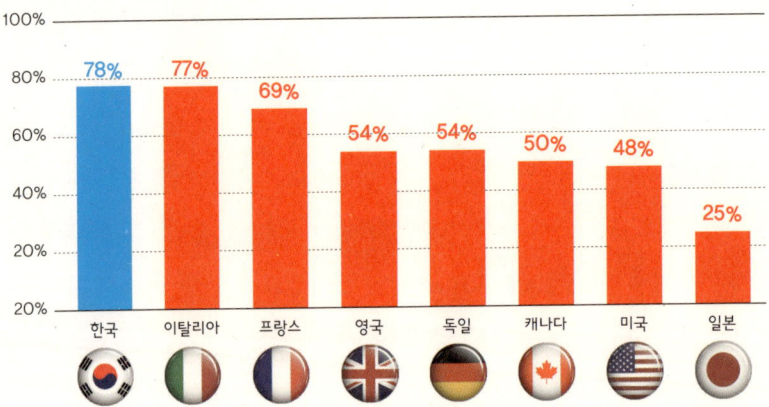

환경부의 조사에 따르면 우리나라 국민의 78.6%가 환경 문제에 관심을 가지고 있어요. 특히 지구 온난화와 기후 변화에 민감합니다.

▶ 우리나라 국민 10명 중 8명은 환경 문제에 관심이 있다

출처: 환경부 「환경보전에 관한 국민의식조사 결과보고서 2018」

- 환경 문제를 어떻게 해결해야 한다고 생각하니?
- 어른들에게 어떤 환경 문제에 관심이 있는지 물어봐!

## ★ 계속 환경 문제에 관심을 갖자!

우리나라 국민은 환경 문제에 관심이 높은 편이에요. 2018년 12월 환경부가 만 15세 이상 국민 1,500명을 대상으로 실시한 조사에 따르면 환경 문제에 관심이 있다고 대답한 사람은 78.6%에 달했어요. 심각하게 여기는 환경 문제는 지구온난화와 기후 변화, 산업 폐기물, 대기 순이었습니다.

다만 연령대별로 살펴보면 40대를 제외한 모든 연령에서 2013년과 비교해 환경에 대한 관심이 줄었어요. 특히 15~19세는 83.8%에서 54.3%로 가장 많이 줄어들어 청소년들의 무관심이 두드러지고 있어요.

지구온난화, 삼림 파괴, 대기 오염, 해양 플라스틱 쓰레기 문제, 물 부족, 동식물 멸종, 유전자 변형 작물 등 환경과 관련된 문제는 다 쓰기 어려울 정도로 많아요.

환경 문제를 어른들에게만 맡기지 말고 어린이들도 작게나마 할 수 있는 일부터 해 나가는 자세가 중요하답니다. 혹시 주변에 환경 문제에 무관심한 친구가 있다면 이렇게 말해 보세요.

"앞으로 우리가 살아가야 할 지구니까 우리 손으로 지키자!"

이 문제와 관계있는 SDGs 목표

### 알아두어야 할 용어

**유전자 변형 작물**

다른 작물의 세포에서 뽑아낸 유전자를 끼워 넣어 해충이나 냉해에 강하게 만들거나 영양가를 높이는 등 새로운 성질을 갖게 만든 작물을 유전자 변형 작물이라고 해요. 2018년 기준으로 세계 27개 나라에서 유전자 변형 작물이 재배되고 있어요. 하지만 유전자 변형 작물이 기존 작물을 몰아내는 등 생태계에 미칠 악영향도 우려되고 있습니다.

출처: ifsPOST '오태광의 바이오 산책⟨20⟩ 유전자 변형 생물체; LMO(Living Modified Organisms)와 GMO(Genetically Modified Organisms)' (2022.02.08.)

### COLUMN

## 환경 분야를 다루는 중심 기구 '유엔환경계획'

유엔환경계획(UNEP)은 1972년에 설립된 유엔 기구예요. 환경 문제와 관련된 다양한 기관을 조정하고 국제 협력을 이끌어내는 것이 임무입니다.

한국에서는 유엔환경계획과 공식적인 파트너십을 맺고 있는 '유엔환경계획 한국협회'가 유엔환경계획의 한국 활동을 홍보하고 있습니다. '기후 변화', '재해와 갈등', '생태계 관리', '환경 거버넌스(환경 문제에 대하여 정부뿐 아니라 시민, 비정부 기구, 기업 같은 다양한 주체가 공공 이익의 관점에서 서로 협력하고 조정하면서 문제의 해결을 도모하는 일을 뜻함 - 역주)', '유해물질과 유해 폐기물', '자원 효율성', '지속가능한 소비와 생산'이라는 7개 분야를 중심으로 자원봉사 사무국이 주최하는 세미나와 강연 등을 개최하고 정보지를 제공하는 활동을 전개하고 있어요.

환경 문제에 대한 전 세계인의 의식을 높이고 지속가능한 사회를 다음 세대에게 물려주기 위한 유엔환경계획의 활동은 대부분 개인이나 기업의 후원을 기반으로 이루어지고 있습니다.

이러한 활동에 흥미가 있어 후원을 하고 싶다면 홈페이지를 방문해 보세요.

유엔환경계획 한국협회 홈페이지

부 록

# SDGs의 17개 목표를 더 자세히 알아보자 ≫

# SDGs의 17개 목표를 더 자세히 알아보자

**17개 목표를 자세히 알면
SDGs가 하고자 하는 일을 이해할 수 있다.**

SDGs는 17개의 목표와 169개의 세부 목표로 이루어져 있습니다. 세부 목표까지 살펴보면 지구에 사는 사람들이 이루어야 하는 것, 현재 해결해야 하는 과제와 문제를 더욱 분명히 알 수 있습니다. 각 목표는 목표 1. '빈곤층 감소와 사회안전망 강화'처럼 간단히 표현되어 있고 해결하고자 하는 구체적인 내용은 세부 목표에 담겨 있습니다.

# 17개 목표 보는 법

- SDGs 로고는 목표를 간단히 표현하고 있어요. 그 옆에는 로고에 다 담지 못한 유엔의 자세한 목표를 썼습니다.

- SDGs의 17개 목표는 '세계가 마주한 주요 과제와 문제'를 해결하기 위해 만들어졌습니다. 이곳에는 각 목표와 관계있는 과제와 문제를 실었습니다. 지금 세계가 어떤 과제와 문제를 마주하고 있는지 알 수 있습니다.

**목표 1**

### 모든 곳에서 모든 형태의 빈곤 종식

**세계가 마주한 주요 과제와 문제**

- 심각한 빈곤 상태에 있는 세계 인구의 비율은 2015년 10.1%에서 2018년 8.6%로 감소하는 등 역사적인 감소를 계속했으나, 코로나19로 인해 2019년 8.3%에서 2020년 9.2%로 급격히 증가하여 1990년 이후 최대 증가를 나타냈고 빈곤 감소를 약 3년 뒤로 되돌렸습니다.
- 코로나19의 영향은 지난 25년간 지속적인 빈곤 감소를 역전시켰습니다. 이러한 전례 없는 반전은 인플레이션 상승과 우크라이나 전쟁의 영향으로 더욱 악화되고 있습니다. 이러한 복합적인 위기는 2022년에 7,500만~9,500만 명의 사람들이 극심한 빈곤 속에서 살게 될 것으로 추정되며, 이는 팬데믹 이전의 예측과 비교됩니다.

**주요 세부 목표**

1.1 2030년까지 심각한 빈곤 상태(하루 1.90달러 미만으로 생활해야 하는 상태)에 놓인 사람을 전 세계 모든 장소에서 완전히 없앤다.
1.2 2030년까지 각 나라에서 내리는 정의에 따라 다양한 빈곤 상태에 놓인 모든 나이대의 남성, 여성, 어린이의 비율을 절반으로 줄인다.
1.3 각 나라에서 최저한의 기준을 포함한 적절한 사회보호 제도와 대책을 실시해 2030년까지 빈곤층과 취약계층(다른 계층에 비해 약하여 사회적으로 보호가 필요한 계층으로 노인, 어린이, 장애인 등이 해당 - 역주)에 대한 충분한 보호를 달성한다.
1.4 2030년까지 빈곤층과 취약계층을 비롯한 모든 남성과 여성에게 기본 서비스에 접근할 권리를 포함한 토지와 그 밖의 다양한 형태의 자산에 대한 소유권과 관리 권한, 상속 재산, 천연자원, 적절한 신기술, 마이크로 파이낸스(저소득층에게 대출, 적축 또는 보험 등의 금융서비스를 적은 금액으로 제공하는 사업으로 저소득층이 목돈을 마련할 수 있는 기회를 주는 것이 목적 - 역주)를 포함한 금융 서비스, 경제적 자원에 대해 평등한 권리를 보장한다.
1.5 2030년까지 빈곤이나 취약한 상황에 있는 사람들의 회복력(원래는 심리학에서 쓰는 말로 어려운 순간에 맞닥뜨렸을 때 이에 적응하는 능력이며 앞으로 더 나아갈 수 있는 가능성을 말하며 요즘은 사회나 환경 등 여러 분야에서 쓰이는 말로 회복탄력성이라고도 함. 영어로 resilience - 역주)를 키운다. 기후변화와 관련된 극단적인 기상 현상과 그 밖의 경제·사회·환경적 충격, 재난의 노출과 취약성을 줄인다.

출처: 취약계층(네이버 국어사전), 마이크로 파이낸스(한경경제용어사전), 회복탄력성(두산백과)

**목표를 달성해야 하는 이유**

2020년에도 7억 명이 넘는 사람이 하루 1.90달러(약 2,000원) 미만으로 생활해야 하는 심각한 빈곤 상태에 있었습니다. 불평등이 퍼지면 경제 성장에 악영향을 미칠 뿐 아니라 사회의 결속력도 무너집니다. 게다가 사람들 사이에 긴장감이 높아져 사회가 불안해지며 분쟁의 원인이 될 수도 있어요.

- 17개 목표에는 저마다 '세부 목표'가 있습니다. 전부 합치면 169개입니다. '세부 목표'는 목표를 달성하기 위한 더 구체적인 목표입니다. 169개를 전부 싣지 못했지만 최대한 많이 소개했습니다.

- SDGs의 17개 목표에는 저마다 만들어진 이유가 있습니다. 왜 목표를 달성해야 하는지, 목표를 달성하면 세계는 어떻게 변하는지, 반대로 목표를 달성하지 못하면 어떤 위기가 닥치는지 간단히 설명했습니다.

**부록** SDGs의 17개 목표를 더 자세히 알아보자

### 목표 1

# 모든 곳에서 모든 형태의 빈곤 종식

### 세계가 마주한 주요 과제와 문제

- 심각한 빈곤 상태에 있는 세계 인구의 비율은 2015년 10.1%에서 2018년 8.6%로 감소하는 등 역사적인 감소를 계속했으나, 코로나19로 인해 2019년 8.3%에서 2020년 9.2%로 급격히 증가하여 1990년 이후 최대 증가를 나타냈고 빈곤 감소를 약 3년 뒤로 되돌렸습니다.
- 코로나19의 영향은 지난 25년간 지속적인 빈곤 감소를 역전시켰습니다. 이러한 전례 없는 반전은 인플레이션 상승과 우크라이나 전쟁의 영향으로 더욱 악화되고 있습니다. 이러한 복합적인 위기는 2022년에 7,500만~9,500만 명의 사람들이 극심한 빈곤 속에서 살게 될 것으로 추정되며, 이는 팬데믹 이전의 예측과 비교됩니다.

### 주요 세부 목표

**1.1** 2030년까지 심각한 빈곤 상태(하루 1.90달러 미만으로 생활해야 하는 상태)에 놓인 사람을 전 세계 모든 장소에서 완전히 없앤다.

**1.2** 2030년까지 각 나라가 내리는 정의에 따라 다양한 빈곤 상태에 놓인 모든 나이대의 남성, 여성, 어린이의 비율을 절반으로 줄인다.

**1.3** 각 나라에서 최저한의 기준을 포함한 적절한 사회보호 제도와 대책을 실시해 2030년까지 빈곤층과 취약계층(다른 계층에 비해 약하여 사회적으로 보호가 필요한 계층으로 노인, 어린이, 장애인 등이 해당 – 역주)에 대한 충분한 보호를 달성한다.

**1.4** 2030년까지 빈곤층과 취약계층을 비롯한 모든 남성과 여성에게 기본 서비스에 접근할 권리를 포함해 토지와 그 밖의 다양한 형태의 자산에 대한 소유권과 관리 권한, 상속 재산, 천연자원, 적절한 신기술, 마이크로 파이낸스(저소득층에게

Travel Stock/Shutterstock.com

대출, 저축 또는 보험 등의 금융서비스를 적은 금액으로 제공하는 사업으로 저소득층이 목돈을 마련할 수 있는 기회를 주는 것이 목적 – 역주)를 포함한 금융 서비스, 경제적 자원에 대해 평등한 권리를 보장한다.

**1.5** 2030년까지 빈곤이나 취약한 상황에 있는 사람들의 회복력(원래는 심리학에서 쓰는 말로 어려운 순간에 맞닥뜨렸을 때 이에 적응하는 능력과 앞으로 더 나아갈 수 있는 가능성을 말하며 요즘은 사회나 환경 등 여러 분야에서 쓰이는 말로 회복탄력성이라고도 함. 영어로는 '리질리언스(resilience)' – 역주)을 키운다. 기후변화와 관련된 극단적인 기상 현상과 그 밖의 경제·사회·환경적 충격, 재난의 노출과 취약성을 줄인다.

출처: 네이버 국어사전, 한경경제용어사전, 두산백과

### 목표를 달성해야 하는 이유

2020년에도 7억 명이 넘는 사람이 하루 1.90달러(약 2,000원) 미만으로 생활해야 하는 심각한 빈곤 상태에 있었습니다. 불평등이 퍼지면 경제 성장에 악영향을 미칠 뿐 아니라 사회의 결속력도 무너집니다. 게다가 사람들 사이에 긴장감이 높아져 사회가 불안해지며 분쟁의 원인이 될 수도 있어요.

### 목표 2

# 기아 종식, 식량안보와 개선된 영양상태의 달성, 지속 가능한 농업 강화

### 세계가 마주한 주요 과제와 문제

● 2020년 기준 전 세계적으로 7억 2,000천 만~8억 1,100만 명의 사람들이 기아로 고통받고 있으며, 이는 2019년보다 약 1억 6,100만 명 더 많은 수입니다.

● 2020년에는 세계 인구의 30% 이상인 24억 명의 사람들이 식량 불안정 상태에 있었고, 적절한 식량에 대한 정기적인 접근이 부족했습니다. 그 수는 1년 만에 거의 3억 2,000만 명이 증가했습니다. 코로나19 이후 식량 불안으로 고통받는 사람들의 수는 더 많아졌고, 우크라이나에서의 전쟁은 세계 식량 공급망을 더욱 혼란스럽게 하고 있으며 2차 세계 대전 이후 가장 큰 세계 식량 위기를 일으키고 있습니다.

● 발육 부진으로 고통받는 6세 미만 어린이의 비율은 2000년 32%였지만 2019년 21%까지 떨어졌습니다. 하지만 여전히 1억 4,400만 명에 이르고 있습니다. 지역별로 보면 남아시아(39%)와 사하라 이남 아프리카(36%)가 어려운 상황에 처해 있습니다.

### 주요 세부 목표

2.1  2030년까지 기아를 없앤다. 모든 사람들, 특히 빈곤층과 어린아이를 포함한 취약계층이 일 년 내내 안전하고 영양가 있는 식재료를 충분히 구할 수 있게 한다.

2.2  2025년까지 6세 미만 어린이의 발육 부진과 소모성 질환(체력을 소모시켜 몸을 전체적으로 쇠약하게 만드는 병 - 역주)에 대해 국제적으로 합의된 세부 목표를 달성한다. 2030년까지 모든 형태의 영양 부족을 해소하고 젊은 여성과 임산부, 수유부, 고령층의 영양 수요에 대처한다.

JLwarehouse/Shutterstock.com

2.3  2030년까지 토지, 그 밖의 생산 자원, 투입 자원, 지식, 금융서비스, 시장, 부가가치 창출, 비농업부문 고용 기회를 확실하고 평등하게 제공하여 여성, 토착민, 가족 농가, 목축업자, 어민을 비롯한 소규모 식량 생산자의 농업 생산성과 소득을 2배 늘린다.

2.4  2030년까지 생산성을 높여 생산량을 늘린다. 생태계를 유지하며 기후변화와 기상 이변, 가뭄, 홍수 및 그 밖의 재해에 대한 적응 능력을 높인다. 더불어 토지와 토양의 질을 조금씩 개선시키는 등 지속가능한 식량 생산 시스템을 확보해 회복력 있는 농업을 실천한다.

### 목표를 달성해야 하는 이유

누구나 먹을 것이 충분하기를 바랄 겁니다. 배가 고프면 의욕도 생기지 않고, 힘도 없어지니 SDGs도 달성할 수 없습니다. 지구에서 기아를 없앨 수 있다면 경제와 건강, 교육, 평등, 그리고 사회 발전에 좋은 영향을 미칠 수 있습니다.

목표 3

# 모든 연령층을 위한
# 건강한 삶 보장과 복지 증진

## 세계가 마주한 주요 과제와 문제

● 세계의 신생아 사망률은 2000년 출생아 1,000명당 31명에서 2018년에는 18명으로 줄었습니다. 하지만 2018년만 해도 6세 생일을 맞이하지 못하고 죽은 어린이가 530만 명이나 됩니다. 특히 사하라 이남 아프리카에서는 2018년 13명 중 1명의 어린이가 6세가 되기 전에 죽었습니다.

● 2017년에는 매일 약 810명의 여성이 임신과 출산에 관련된 예방 가능한 원인으로 죽었습니다. 사하라 이남 아프리카와 남아시아가 차지하는 비율은 약 86%에 이릅니다.

● 2021년 말 조사 대상 129개국 중 92%에서 필수 의료 서비스가 중단되었을 정도로 코로나19는 필수적인 의료 서비스를 마비시켰고, 불안과 우울증의 만연을 촉발했으며, 세계 기대 수명을 낮추었으며, HIV, 결핵(TB) 및 말라리아를 종식시키기 위한 진전을 방해했으며, 건강 보장을 보편화하기 위한 20년의 작업을 중단시켰습니다.

## 주요 세부 목표

3.1 2030년까지 세계의 임산부 사망률을 10만 명 출생당 70명 미만으로 줄인다.

3.2 모든 나라가 신생아 사망률을 적어도 1,000건 출생당 12건 이하까지 줄이고, 6세 미만 사망률은 적어도 1,000건 출생당 25건 이하까지 줄이려고

노력한다. 2030년까지 신생아와 6세 미만 어린이의 예방 가능한 사망을 없앤다.

**3.3** 2030년까지 에이즈, 결핵, 말라리아와 소외열대병(대부분 예방과 치료가 가능한데도 세계적인 무관심 속에 많은 사람들의 생명을 앗아가는 열대 지역의 감염병과 기생충병 – 역주) 같은 전염병을 없앤다. 간염, 수인성 질병(물이 원인이 되어 발생하는 병 – 역주), 그 밖에 다른 감염증에 대처한다.

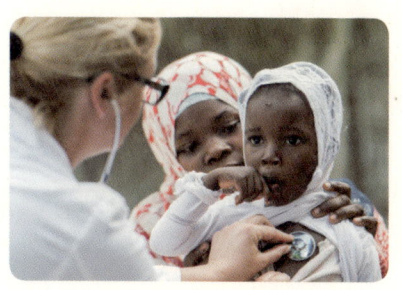

**3.4** 2030년까지 비감염성 질환이 원인인 조기 사망을 예방과 치료를 통해 3분의 1로 줄이고, 정신보건 및 복지를 촉진한다.

**3.5** 약물 남용과 유해한 알코올 섭취를 포함한 물질 남용을 방지하고 치료를 강화한다.

**3.6** 2020년까지 도로 교통사고로 인한 전 세계 사망자와 부상자 수를 반으로 줄인다.

**3.9** 2030년까지 유해 화학 물질과 대기, 물, 토양 오염으로 인한 사망과 질병 건수를 크게 줄인다.

출처: 「열대병과 소외열대병」 임한종 저

### 목표를 달성해야 하는 이유

건강하게 살며 복지를 누리는 것도 인권에 속합니다. 사람이 건강해야 경제도 튼튼하게 받쳐줄 수 있습니다. 모든 사람이 건강한 생활을 누리려면 많은 돈이 필요하겠지만 효과는 들인 비용을 훨씬 뛰어넘을 것입니다.

**목표 4**

# 모두를 위한 포용적이고 공평한 양질의 교육 보장 및 평생학습 기회 증진

## 세계가 마주한 주요 과제와 문제

- 초등학교를 졸업할 수 있는 사람은 2000년 70%에서 2019년 85%로 늘어났습니다. 하지만 저소득국가 안에서도 가장 가난한 20%에 속하는 가정의 어린이들은 34%만 졸업할 수 있었습니다.
- 코로나19로 인한 전 세계적 교육 중단으로 인해 교육 시스템이 전례 없는 어려움에 직면했습니다. 2년 동안 1억 4,700만 명의 어린이들이 수업 시간의 절반 이상을 놓친 것으로 추정됩니다. 이 세대의 아이들은 현재 가치로 총 17조 달러의 평생 소득을 잃을 수 있습니다.
- 학교 폐쇄는 여자 어린이들, 혜택 받지 못한 배경의 아이들, 시골에 사는 아이들, 장애가 있는 아이들, 그리고 그들의 또래 아이들보다 소수 민족의 아이들에게 더 많은 영향을 끼쳤습니다.
- 기본적인 손 씻기 설비가 갖춰진 학교는 전 세계 초등학교의 65%뿐입니다. 특히 사하라 이남 아프리카에서는 38%에 불과하고, 고등학교도 43%에 머무는 수준입니다.

## 주요 세부 목표

**4.1** 2030년까지 적절하고 효과적인 학습 성과를 가져올 질 높고 공정한 초등·중등 교육을 모든 어린이가 무상으로 남녀 구별 없이 마칠 수 있게 한다.

**4.2** 2030년까지 남녀 구별 없이 모든 어린이에게 양질의 영유아 보육과 취학 전 교육 서비스를 이용할 기회를 보장하여 초등 교육을 받을 수 있는 준비를 갖추게 한다.

CRS PHOTO/Shutterstock.com

**4.3** 2030년까지 모든 사람이 남녀 구별 없이 쉽게 양질의 기술 교육과 직업 교육, 대학을 포함한 고등 교육을 평등하게 받을 수 있도록 한다.

**4.4** 2030년까지 기술적 능력과 직업적 능력 같은 취업과 양질의 일자리 및 창업으로 이어지는 능력을 갖춘 청소년과 성인의 비율을 크게 늘린다.

**4.5** 2030년까지 교육의 성별 격차를 줄이고 장애인, 토착민, 취약한 환경에 있는 어린이 등 취약계층이 모든 수준의 교육과 직업 훈련을 평등하게 받을 수 있게 한다.

**4.6** 2030년까지 모든 청소년 및 남녀 성인 상당수가 읽고 쓰는 능력과 기본적 계산 능력을 익힐 수 있게 한다.

### 목표를 달성해야 하는 이유

질 높은 교육은 건강하고 지속가능한 생활을 할 수 있는 능력의 발판이 됩니다. 그뿐 아니라 가난의 대물림을 끊을 수 있는 힘을 주고, 불평등을 해소해 성평등으로 가는 길을 여는 데도 도움이 됩니다. 교육은 SDGs 달성의 중요 열쇠라고 할 수 있습니다.

**목표 5**

# 성평등 달성과 모든 여성 및 여아의 권익신장

> **세계가 마주한 주요 과제와 문제**

- 전 세계적으로, 15세 이상의 여성 중 26%(6억 4,100만 명)가 평생에 적어도 한 번은 남편이나 연인으로부터 육체적·성적 폭행을 당한 적이 있습니다. 13개국의 2021년 조사에서는 여성의 45%가 코로나19 이후 어떤 형태로든 폭력을 경험했다고 보고했습니다.
- 2022년 1월 1일 기준 전 세계 여성 국회의원의 비율은 26.2%로 2015년의 22.4%보다 늘어났지만 여전히 남녀 차가 벌어져 있습니다.
- 여성은 노인 간병이나 어린이 돌봄, 집안일처럼 급여를 받지 못하는 일에 남성의 약 3배에 달하는 시간을 쓰고 있습니다.
- 2018~2021년 26%의 국가만이 양성 평등을 위한 공공 할당을 추적하기 위한 포괄적인 시스템을 갖추고 있으며, 59%는 시스템의 일부 특징을 가지고 있으며, 15%는 시스템의 최소 요소조차 가지고 있지 않습니다.

> **주요 세부 목표**

**5.1** 모든 장소에서 모든 여성과 여아에 대한 모든 형태의 차별을 없앤다.
**5.2** 인신매매와 성적 착취, 기타 형태의 착취를 포함해 모든 여성과 여아에 대한 공적·사적 공간에서 벌어지는 모든 형태의 폭력을 없앤다.
**5.3** 아동결혼, 조혼, 강제 결혼 및 여성 성기 절제와 같은 모든 악습을 없앤다.

**5.4** 공공 서비스, 사회 기반시설 및 사회 보장 정책을 제공한다. 각 나라의 상황에 맞는 가구·가족 내의 책임 분담을 통해 무보수 육아와 간병, 가사노동을 인정하고 평가한다.

Drop of Light/Shutterstock.com

**5.5** 정치, 경제, 공적 생활의 모든 의사 결정 과정에 여성이 완전하고 효과적으로 참여할 수 있게 하고, 평등한 리더십 기회를 보장한다.

**5.6** 국제인구개발회의(ICPD)의 행동계획(이집트의 카이로에서 열렸기 때문에 카이로 행동계획이라고도 함. 인구 문제를 해결하기 위해 1995~2015년까지 세계가 시행해야 할 대책을 제시 – 역주)과 북경행동강령(북경에서 1995년 열린 제4차 세계여성회의에서 성평등 증진과 여성의 역량 강화를 목표로 채택된 행동 계획과 미래 전략 – 역주) 및 이에 대한 검토 회의 결과 문서에서 합의된 내용에 따라 성, 임신 보건, 임신에 대한 권리를 누구에게나 보장한다.

출처: 네이버 시사상식 사전, 여성가족부 공식블로그

### 목표를 달성해야 하는 이유

빈곤을 없애고 어린이의 건강을 지키며 복지를 달성하는 등 모든 면에서 건전한 사회를 이룩하기 위해 성평등을 빼놓을 수 없습니다. 여자 어린이를 위한 교육에 투자하고 결혼 연령을 올리면 1달러를 투자했을 때 5달러의 효과를 거둘 수 있다는 계산도 있습니다.

목표 6

# 모두를 위한 물과 위생의 이용가능성과 지속가능한 관리 보장

### 세계가 마주한 주요 과제와 문제

- 안전하게 관리된 식수를 쓸 수 있는 세계 인구의 비율은 2015년 70%에서 2020년 74%로 증가했습니다. 하지만 2020년에도 여전히 12억 명이나 되는 사람들이 기본적인 식수 서비스를 이용하지 못했습니다. 이들을 포함한 20억 명이 안전하게 관리되는 식수 서비스 없이 살고 있습니다.
- 2015년과 2020년 사이에 안전하게 위생을 관리하는 인구는 47%에서 54%로 증가했고, 가정에서 비누와 물로 손 씻기 시설을 이용하는 인구는 67%에서 71%로 증가했습니다.
- 2015년부터 2020년까지 야외에서 용변을 해결하는 인구는 7억 3,900만 명에서 4억 9,400만 명으로 3분의 1 감소했습니다.
- 전 세계 의료 시설 4곳 중 1곳에는 기본적인 식수 서비스가 없고, 5분의 2에는 비누가 없습니다. 20억 명 이상이 전염병에 걸릴 위험에 처해 있습니다.

### 주요 세부 목표

6.1 2030년까지 모든 사람에게 안전하고 적당한 가격의 식수를 제공한다.

6.2 2030년까지 모든 사람이 하수 시설과 위생 시설을 충분하고 평등하게 이용할 수 있게 하고, 노상 배변을 없앤다. 여성과 여아, 취약계층의 요구에 특히 주의를 기울인다.

6.3  2030년까지 오염을 줄인다. 유해 물질을 함부로 버리지 못하게 하고 배출도 최소화하여 처리되지 않은 하수 비율을 반으로 줄인다. 재생 이용과 안전한 재사용을 세계적으로 크게 증가시켜 수질을 개선한다.

Travel Stock/Shutterstock.com

6.4  2030년까지 모든 부문에서 물의 효율적인 사용을 꾀한다. 담수를 지속가능한 방법으로 끌어 쓰고 공급을 확보하여 물 부족에 대처한다. 물 부족으로 고통받는 인구를 크게 줄인다.

6.5  2030년까지 국경을 넘는 협력을 포함하는 통합된 수자원 관리를 실시한다.

> **목표를 달성해야 하는 이유**

수자원을 지속가능한 형태로 관리하면 식량과 에너지 생산 관리도 쉬워지고, 좋은 일자리(국제노동기구(ILO)가 정한 개념으로 일하는 보람이 있는 인간다운 일자리, 영어로 '디센트 워크(decent work)'라고 함 – 역주) 창출과 경제 성장으로도 이어집니다. 수자원을 보전할 수 있다면 기후 변화 대책도 세울 수 있습니다.

출처: 월간 노동법률

**목표 7**

# 적정한 가격에 신뢰할 수 있고 지속가능한 현대적인 에너지에 대한 접근 보장

## 세계가 마주한 주요 과제와 문제

● 전 세계에서 전력 서비스를 이용할 수 있는 사람은 2010년 83%에서 2020년에는 91%로 늘었습니다. 하지만 여전히 7억 3,300만 명이 전력을 이용할 수 없습니다. 코로나19로 인한 경제적 압박으로 아프리카와 아시아의 개발도상국에서 최대 9,000만 명이 전기에 연결된 서비스를 이용할 수 없었습니다.

● 2020년에도 40억 명의 사람들이 여전히 비효율적이고 오염된 요리 시스템에 의존했습니다.

● 에너지 총소비량에서 재생에너지(화석연료와 원자력을 대체할 수 있는 무공해 에너지로 태양열 발전, 풍력, 해양에너지, 폐기물에너지 등이 있음 – 역주)가 차지하는 비율은 2019에는 17.7%에 달했는데, 이는 2010년보다 1.6%포인트 높은 수치입니다.

출처: 두산백과

## 주요 세부 목표

7.1  2030년까지 신뢰할 수 있고 현대적인 에너지 서비스를 누구나 적정 가격에 이용할 수 있게 한다.

7.2  2030년까지 전 세계 에너지원 구성에서 재생에너지가 차지하는 비율을 큰 폭으로 늘린다.

**7.3** 2030년까지 전 세계 에너지 효율성 개선율을 2배 늘린다.

**7.a** 2030년까지 재생에너지를 비롯해 에너지 효율성이 높고 선진적이며 환경에

부담이 적은 화석연료 기술을 포함한 '청정에너지 연구와 기술을 쉽게 이용하기 위한 국제 협력을 강화한다. 에너지 기반 시설과 청정에너지 기술을 위한 투자를 늘린다.

**7.b** 2030년까지 각 나라의 지원 프로그램에 따라 개발도상국, 특히 최빈개도국(유엔이 지정한 극빈 국가로 방글라데시, 우간다, 레소토, 콩고, 네팔 등이 있음 – 역주) 및 군소도서개발국(섬으로 이루어진 카리브해, 태평양, 인도양, 중국해, 북극해에 걸쳐 있는 나라들로 몰디브, 타히티, 피지, 모리셔스, 사모아 등이 있음 – 역주)의 모든 사람들에게 현대적이며 지속가능한 에너지 서비스를 제공할 수 있도록 생산 기반을 확대하고 기술 향상을 꾀한다.

출처: 한경경제용어사전, 한국일보 '동경하거나 위험하거나...군소도서개발국이야기'(2017.11.26.)

### 목표를 달성해야 하는 이유

에너지 시스템이 튼튼하면 비즈니스, 의료, 교육에서 농업, 생산 기반, 통신, 첨단 기술에 이르는 모든 부문까지 뒷받침할 수 있습니다. 반대로 에너지 시스템을 이용할 수 없으면 인력 개발과 경제 발전이 어려워집니다.

## 목표 8

### 포용적이고 지속가능한 경제성장, 완전하고 생산적인 고용과 모두를 위한 양질의 일자리 증진

**세계가 마주한 주요 과제와 문제**

- 개발도상국 중에서도 특히 개발이 뒤처진 최빈개도국의 실질 경제 성장률(GDP)은 2022년 4.0%로, 2023년에는 5.7%까지 증가할 것으로 예상되지만 목표인 7%에는 한참 모자랍니다.

- 2019년 세계의 실업률은 5.4%였지만 북아프리카와 서아시아에서는 10.7%라는 높은 수치를 보였습니다. 또, 여성의 실업률이 남성보다 9%나 높아 성별에서 오는 격차도 있습니다. 한편 청년층의 실업률은 13.6%여서 4%인 성인보다 9.6%나 높았습니다.

- 2020년 초 전 세계적으로 1억 6,000만 명의 어린이(6,300만 명의 소녀와 9,700만 명의 소년)가 아동 노동에 종사했습니다. 코로나19로 인한 빈곤 증가로 2020년과 비교할 때 2022년 말까지 900만 명의 어린이가 더 노동 현장에 내몰릴 위험에 처해 있습니다.

**주요 세부 목표**

**8.1** 각 나라의 상황에 맞추어 1인당 경제성장률을 유지한다. 특히 최빈개도국은 적어도 7%의 성장률을 유지한다.

**8.3** 생산적 활동, 양질의 일자리 창출, 기업가정신, 창의성 및 혁신을 지원하고 금융 서비스 접근을 포함한 중소기업의 공식화 및 성장을 장려하는 개발 지향 정책을 촉진한다.

**8.4** 2030년까지 소비와 생산에서 자원 효율을 점차 개선시킨다. 선진국이 주도하는 지속가능한 소비와 생산에 관한 10년 계획안에 따라 경제 성장과 환경 악화의 고리를 끊는다.

Stevenk/Shutterstock.com

**8.6** 2020년까지 고용, 교육, 직업 훈련 중 어떤 것도 하지 않는 청년의 비율을 큰 폭으로 줄인다.

**8.7** 강제 노동을 없애고, 현대판 노예와 인신매매를 없애기 위한 긴급하고 효과적인 방법을 실시한다. 최악의 형태로 이뤄지는 아동 노동을 금지하고 없앤다. 2025년까지 소년병 동원과 징집을 포함한 모든 형태의 아동 노동을 없앤다.

**8.8** 이주 노동자, 특히 여성 이주 노동자와 고용이 불안한 노동자 등 모든 노동자의 권리를 확보한다. 안전하고 안심할 수 있는 노동 환경을 만든다.

**8.9** 2030년까지 일자리 창출, 지방 문화 진흥, 생산품 판매 촉진으로 연결되는 지속가능한 관광업을 장려하기 위한 정책을 만들고 실시한다.

### 목표를 달성해야 하는 이유

사람들의 생산성이 올라 자기 나라의 성장에 공헌할 수 있다면 사회 전체에 이익이 커질 것입니다. 생산적인 고용과 '좋은 일자리'는 공정한 세계화를 이루고 빈곤을 없앨 중요한 요소입니다.

목표 9

# 회복력 있는 사회기반시설 구축, 포용적이고 지속가능한 산업화 증진과 혁신 도모

### 세계가 마주한 주요 과제와 문제

- 2021년 전 세계 제조업 생산은 7.2% 증가하여 코로나19 이전 수준을 넘어섰습니다.
- 코로나19는 항공 산업에 큰 타격을 주었습니다. 국제선 승객의 수는 2021년 총 23억 명으로 2019년의 45억 명에서 급격히 감소했고 3,240억 달러의 재정적 손실을 초래했습니다. 2021년 국내 항공 교통량은 2019년 수준의 68%에 달한 반면, 국제 항공 교통량은 28%로 약한 상태를 유지했습니다. 대부분 코로나19 변종의 산발적인 발생과 여행 제한 때문입니다.
- 2021년을 기준으로 세계 인구의 95%가 모바일 브로드밴드를 이용할 수 있는 지역에서 생활하고 있습니다. 그러나 2019년 기준 최빈개도국에서도 인터넷을 쓸 수 있는 지역이 79%에 이르지만 경제적인 이유 때문에 쓰지 못하는 사람이 많아 실제로 이용하는 사람은 19%에 불과합니다.

### 주요 세부 목표

**9.1** 모든 사람들이 저렴하고 공정하게 혜택을 누릴 수 있는 경제 발전과 복지를 지원하기 위해 질 높고 신뢰할 수 있으며 지속가능하고 회복력 높은 생산 기반을 지역뿐 아니라 초국경적으로도 개발한다.

**9.2** 포괄적이고 지속가능한 산업화를 촉진해서 2030년까지 고용과 GDP에서 산업 부문이 차지하는 비율을 각 나라의 상황에 맞는 범위에서 크게

늘린다. 최빈개도국에서는 2배로 늘린다.

**9.4** 2030년까지 자원 효율성 향상, 청정 기술(생산 공정 전반에 걸쳐 자원과 에너지를 절약하고 환경오염을 예방하고 최소화하는 기술 - 역주), 친환경적인 기술과 산업 공정 도입을 통해 기반시설과 산업을 개선해서 지속가능성을 높인다. 모든 나라가 각국의 능력에 맞는 노력을 실시한다.

**9.5** 2030년까지 기술 혁신을 위해 노력하고, 100만 명당 연구 개발 종사자의 비율을 크게 늘리며, 공공과 민간의 연구 개발 지출을 확대한다. 개발도상국을 비롯한 모든 국가의 산업 부문에서 과학 연구를 촉진하고 기술 능력을 높인다.

출처: 두산백과

### 목표를 달성해야 하는 이유

빈곤을 없애고 지속가능한 개발을 위해 노력할 때 산업이 아무것도 하지 않으면 문제를 완전히 해결하기 어려워요. 또 생산 기반 정비와 기술 혁신을 게을리하면 의료는 뒤처지고 위생 시설이 부족해지며 교육에 접근할 기회가 줄어드는 결과로 이어질 것입니다.

**목표 10**

# 국내 및 국가 간 불평등 감소

### 세계가 마주한 주요 과제와 문제

● 코로나19 대유행의 영향으로 사회적 불평등이 심화되었습니다. 2020년 데이터를 보유한 18개국 중 3분의 2는 2020년 상대적으로 낮은 소득 증가율을 보였습니다. 예측에 따르면 2017년과 2021년 사이에 국가 간 불평등이 1.2% 증가했으며, 이는 한 세대 만에 처음으로 증가한 것입니다. 코로나19 이전에, 불평등은 같은 기간 동안 2.6% 감소할 것으로 예상되었습니다.

● 2014년에서 2019년에 걸쳐 수집한 31개 나라의 데이터를 보면 10명 중 약 2명이 차별을 경험했다고 합니다. 장애가 있는 사람은 10명 중 3명이 차별을 경험했는데, 그중에서도 여성은 성별, 민족, 종교 같은 원인으로 다양한 차별을 동시에 받는 경우가 늘고 있습니다.

● 2022년 5월 기준 우크라이나에서는 600만 명 이상의 사람들이 분쟁을 피해 다른 나라로 이주했으며, 최소 800만 명의 사람들이 우크라이나 내에서 난민이 되었습니다.

● 2021년에는 5,895명이 자국을 탈출하여 사망했으며, 이는 코로나19 이전보다 많으며, 2017년 이후 이민자들에게 가장 치명적인 해가 되었습니다.

### 주요 세부 목표

**10.1** 2030년까지 각 나라의 소득 순위 하위 40%의 소득 성장률을 국내 평균보다 높게 유지한다.

**10.2** 2030년까지 나이, 성, 장애, 인종, 민족, 출신, 종교, 경제적 지위 및 그 밖의 상황에 관계없이 모든 사람의 능력을 강화하고 사회적, 경제적, 정치적 통합을 강화한다.

**10.3** 차별적인 법률과 정책, 관행을 없앤다. 이와 관련된

JLwarehouse/Shutterstock.com

법, 정책, 행동을 강화해 기회를 보장하고 소득 불평등을 바로잡는다.

**10.4** 재정 정책, 임금 정책, 사회 보장 정책을 도입해서 평등한 사회를 만든다.

**10.5** 세계 금융 시장과 금융 기관에 대한 규제와 감시를 개선하고, 그 실시를 강화한다.

**10.7** 계획적인 이민 정책을 실시해서 질서 있고 안전하며 규칙적이고 책임 있는 이주와 인구 이동을 실현한다.

### 목표를 달성해야 하는 이유

세계에는 여전히 불합리한 차별이 다양한 모습으로 뿌리 깊게 남아 있습니다. 사회적 약자와 사회에서 소외된 공동체 사람들에게 기회와 서비스를 제공해 생활의 질을 높일 가능성을 주지 못한다면 지구는 모든 사람에게 더 좋은 장소가 될 수 없을 것입니다.

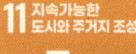

목표 11

# 포용적이고 안전하며 회복력 있고 지속가능한 도시와 주거지 조성

### 세계가 마주한 주요 과제와 문제

● 2020년, 10억 명 이상의 사람들이 빈민가(슬럼, 가난한 사람들이 모이는 주거 환경이 나쁜 지역)나 비공식적인 정착지에서 살고 있습니다. 중앙아시아와 남아시아, 동아시아와 동남아시아, 그리고 사하라 이남의 아프리카가 그 중 85%를 차지했습니다.

● 전 세계 1,510개 도시의 2020년 데이터에 따르면, 도시 지역의 약 37%만이 대중교통을 이용하고 있습니다.

● 2021년, 세계 도시 인구의 99%가 세계보건기구(WHO)가 정한 새로운 대기질 기준을 초과하는 지역에 살고 있습니다. 2019년에는 교통, 산업, 발전, 폐기물 연소 및 주거용 연료 연소로 인한 대기 오염으로 420만 명이 사망했습니다.

### 주요 세부 목표

11.1 2030년까지 모든 사람들이 적절하고 안전하며 저렴한 주택을 제공받고 기본 서비스를 이용할 수 있게 해 빈민가를 개선한다.

11.2 2030년까지 여성, 어린이, 장애인, 고령자 등 취약계층의 요구를 특히 고려해서 대중교통을 확대하고, 교통 안전성을 개선한다. 모든 사람이 안전하고 저렴하게 이용할 수 있는 지속가능한 교통 시스템을 제공한다.

11.3 2030년까지 포용적이고 지속가능한 도시화를 추진한다. 모든 나라가

참여적이고 통합적이며 지속 가능한 거주지 계획과 관리 능력을 강화한다.

**11.4** 세계자연문화유산 보호 및 보호를 위한 노력을 강화한다.

byvalet/Shutterstock.com

**11.5** 2030년까지 빈곤층과 취약계층 보호에 초점을 맞추어 수해 같은 재난으로 인한 사망자와 피해자 수를 크게 줄이고, 세계의 국내총생산 대비 직접적인 경제 손실을 크게 줄인다.

**11.6** 2030년까지 대기 질과 도시 및 기타 폐기물 관리에 특별한 주의를 기울여 도시의 1인당 환경적 악영향을 줄인다.

**11.7** 2030년까지 특히 여성과 어린이, 노인 및 장애인을 위해 안전하고 포괄적이며 접근 가능한 녹색 및 공공 공간에 대한 보편적 접근을 제공한다.

### 목표를 달성해야 하는 이유

이미 10억 명에 이르는 빈민가의 주민은 지금도 계속 늘고 있으며 한편 육지 면적의 고작 3%를 차지하는 도시가 에너지의 60~80%를 소비하고, 탄소 배출량의 75%를 차지하고 있습니다. 사회적, 경제적 손실을 줄이기 위해 도시의 현재 모습을 바꿔야 할 필요가 있습니다.

목표 12

# 지속가능한 소비와 생산 양식의 보장

### 세계가 마주한 주요 과제와 문제

● 소비되는 천연자원량을 나타내는 지표인 '물질발자국(material footprint)'은 전 세계에서 인구 증가와 경제 성장을 능가하는 속도로 크게 늘어나고 있어 2010년에는 732억 톤이었지만 2017년에는 859억 톤까지 증가했습니다.

● 2010년에서 2019년 사이 한 사람이 1년 동안 배출하는 전자 폐기물은 5.3kg에서 7.3kg으로 계속 증가했지만 재활용되는 전자 폐기물의 양은 1인당 0.8kg에서 1.3kg으로 약간 늘어났을 뿐입니다.

● 수확 → 수송 → 저장 → 가공의 단계를 거치며 식품의 13.8%가 손실됩니다. 돈으로 따지면 4,000억 달러(약 494조 원)나 되며 지역별로 보면 중앙아시아와 남아시아가 20.7%로 가장 높고, 호주와 뉴질랜드가 5.8%로 가장 낮습니다.

### 주요 세부 목표

**12.1** 개발도상국의 개발 상황과 능력을 고려해 지속가능한 소비와 생산에 관한 10년 계획안을 실시한다. 선진국의 주도하에 모든 나라가 대책을 세운다.

**12.2** 2030년까지 천연자원의 지속가능한 관리와 효율적 이용을 이룬다.

**12.3** 2030년까지 세계 전체에서 소매와 소비 수준에서 발생하는 1인당 식

품폐기물을 반으로 줄인다. 더불어 생산과 유통 과정에서 발생하는 식품 손실을 줄인다.

**12.4** 2020년까지 국제적 합의에 따라 화학 물질과 모든 폐기물에 대해 친환경적인 관리를 실현한다. 이들이 인체 건강과 환경에 미치는 부정적인 영향을 최소화하기 위해 공기, 물, 토양으로의 배출을 크게 줄인다.

Su Justen/Shutterstock.com

**12.5** 2030년까지 발생 방지, 감축, 재생과 재사용을 통해 폐기물을 크게 줄인다.

**12.6** 특히 대기업과 다국적기업 등 기업들이 지속가능한 노력을 도입하고 지속가능성에 관한 정보를 정기 보고에 반영할 수 있게 장려한다.

### 목표를 달성해야 하는 이유

앞으로 전 세계에서 더 많은 사람들이 중산층에 속하게 될 것이며 그에 따라 천연자원 수요도 늘어날 것입니다. 소비와 생산 방식을 바꾸기 위해 행동하지 않으면 환경은 돌이킬 수 없는 피해를 입게 될 것입니다. 그런 일이 벌어져서는 안 됩니다.

목표 13

# 기후 변화와 그로 인한 영향에 맞서기 위한 긴급 대응

## 세계가 마주한 주요 과제와 문제

● 2019년 지구의 평균 기온은 기록을 시작하고 나서 두 번째로 높았습니다. 이대로라면 2100년까지 3.2℃ 상승할 가능성도 있습니다.

● 코로나19로 인한 사회·경제적 혼란으로 에너지 수요도 감소해 2020년 전 세계 이산화탄소($CO_2$) 배출량이 5.2%로 감소했습니다. 하지만 코로나 관련 규제가 단계적으로 사라지면서 2021년에는 6% 증가해 역대 최고치를 기록했습니다.

● 파리기후변화협약(2015년 12월 12일 파리에서 열린 21차 유엔 기후변화협약 당사국총회 본회의에서 195개 당사국이 채택한 협정으로 온실가스 배출량을 단계적으로 감축하는 내용을 담고 있음 - 역주)이 목표로 정한 기온 상승폭 1.5℃로 억제하려면 온실가스 배출량을 매년 7.6%씩 줄여야 합니다.

출처: 한경 경제용어사전

## 주요 세부 목표

**13.1** 모든 국가에서 기후 관련 재해와 자연재해에 대한 회복력 및 적응력을 강화한다.

**13.2** 각 나라가 정책과 전략, 계획에 기후 변화 대책을 반영한다.

**13.3** 기후 변화 완화, 적응, 영향 감소, 조기 경보에 대한 교육, 인식 개선,

인적 능력과 제도 기능의 개선을 꾀한다.

**13.a** 의미 있는 완화 조치와 그 이행에 관한 투명성을 확보하라는 개발도상국의 요구에 응하기 위해 2020년까지 모든 자금원에서 연간 1,000억 달러(약 123조 원)를 공동으로 동원하겠다는 목표하에 유엔기후변화협약(UNFCCC)(지구온난화를 막기 위해 온실가스의 배출을 규제하자는 협약으로 1992년 6월 브라질 리우에서 열린 리우회의에서 처음으로 채택된 후 교토의정서, 파리기후변화협약이 차례로 채택되며 현재에 이르고 있음 – 역주) 선진국 당사자들이 공약을 이행한다. 가능한 한 빨리 자본을 투입해 녹색기후기금(개발도상국의 온실가스 감축과 기후 변화 적응을 지원하기 위한 유엔 산하의 국제기구 – 역주)을 본격 실시한다.

sleeoingpanda/Shutterstock.com

**13.b** 최빈개도국과 군소도서개도국에서 여성, 청소년, 지방과 소외 공동체에 초점을 맞춰 기후 변화와 관련한 효과적인 계획 수립과 관리를 위한 능력을 높일 수 있게 한다.

출처: 네이버 시사상식사전

### 목표를 달성해야 하는 이유

인간의 활동이 불러온 기후 변화는 폭풍우와 같은 재해를 불러옵니다. 나아가 분쟁의 원인이 되는 식량 부족, 물 부족 같은 위협을 더욱 악화시키기도 하며 아무 대책도 세우지 않아 향후 지구의 평균 기온이 3℃ 이상 상승하면 모든 생태계에 악영향을 미칠 것입니다.

목표 14

# 지속가능발전을 위한 대양, 바다, 해양자원의 보전과 지속가능한 이용

## 세계가 마주한 주요 과제와 문제

● 바다는 이산화탄소를 흡수해 대기 중 이산화탄소 농도 상승을 막지만 바다에도 이산화탄소는 쌓입니다. 해양산성화(해수에 녹은 이산화탄소량이 증가하면서 수소 이온 농도가 높아져 해수의 pH값이 8 이하로 떨어지는 현상. 대부분의 어류와 동물성 플랑크톤은 산성화된 해수에서 생식 및 생장 능력이 저하되어서 먹이사슬에도 문제가 생김 – 역주)가 진행되면 바다 생태계에 악영향을 미칩니다.

● 이산화탄소 배출량이 지금과 같다면 2100년에는 해양산성도가 100~150%나 높아져 바다에 사는 생물들 절반이 나쁜 영향을 받게 될 것입니다.

● 2021년 1,700만 톤 이상의 플라스틱이 세계 바다로 유입되어 해양 쓰레기의 85%를 차지했습니다. 매년 바다로 유입되는 플라스틱 오염의 양은 2040년까지 두 배 또는 세 배가 될 것으로 예상됩니다.

출처: 두산백과

## 주요 세부 목표

**14.1** 2025년까지 해양 쓰레기 및 부영양화(강, 바다, 호수 등 수중 생태계의 영양 물질이 증가하여 조류가 급속히 증식하는 현상. 인위적으로 짧은 기간 동안 일어난 부영양화는 다른 환경 요소와 조화를 이루지 못해 다양한 문제를 일으킴 – 역주)와 더불어 육지에 기반을 둔 활동으로 발생하는 오염을 포함한 모든 종류의 해양 오염을 예방하고 크게

줄인다.

**14.2** 2020년까지 해양과 연안 생태계와 관련된 중대한 악영향을 피하기 위해 회복력 강화 등을 통한 지속적인 관리와 보호를 실시한다. 건강하고 생산적인 바다를 만들기 위해 해양과 연안 생태계의 회복에 힘쓴다.

JLwarehouse/Shutterstock.com

**14.3** 모든 수준의 과학 협력을 강화해서 해양 산성화의 영향을 최소화하고, 그에 대처한다.

**14.4** 수산 자원을 가능한 가장 짧은 기간에 각 자원의 생물학적 특성에 따라 결정되는 지속가능한 최대 산출량 수준으로 회복시키기 위해, 2020년까지 어획을 효과적으로 규제하고 남획과 불법·비보고·비규제 어업, 파괴적 어업 관행을 없앤다. 더불어 과학적인 관리 계획을 실시한다.

**14.5** 2020년까지 입수 가능한 과학 정보에 기초해 국내법과 국제법에 맞는 방식으로 연안 지역 및 해양 지역의 10%를 보존한다.

출처: 두산백과

### 목표를 달성해야 하는 이유

전 세계의 바다로 흘러들어 온 쓰레기양이 증가하며 환경과 경제에 큰 악영향을 미치고 있습니다. 이대로라면 생물다양성을 지키기 어려울 뿐더러 허술한 해양 관리에서 오는 마구잡이 어업으로 경제적 손실액은 연간 500억 달러(약 61조 원)에 달하게 됩니다.

목표 15

## 육상생태계의 지속가능한 보호·복원·증진, 숲의 지속가능한 관리, 사막화 방지, 토지 황폐화의 중지와 회복, 생물다양성 손실 중단

### 세계가 마주한 주요 과제와 문제

● 인간 활동 때문에 자연의 균형이 무너지고 있어 멸종 위험은 지난 30년 동안 약 10% 악화되었습니다. 멸종 위기에 놓인 종은 3만 5,000종을 넘어섰으며 적색목록지수(Red List Index : 0~1 사이의 숫자로 표시되는 지수. 0은 모든 종이 멸종했음을 나타냄)는 1990년 0.82에서 2020년에는 0.73으로 낮아졌습니다.

● 2010년에서 2015년에 걸쳐 매년 1,200만ha씩 삼림(새로 심은 나무는 고려하지 않음)이 사라져 2015년에서 2020년 사이에는 그 속도가 1,000만ha로 줄었지만 숲은 여전히 엄청난 속도로 줄어들고 있습니다.

● 지구의 육지 중 5분의 1(20억ha 이상)이 황폐화되었습니다. 토지 황폐화는 약 32억 명의 행복을 앗아가고, 생물을 멸종으로 몰아넣어 심각한 기후 변화도 불러옵니다.

### 주요 세부 목표

**15.1** 2020년까지 국제 협약이 정한 의무에 따라 삼림, 습지, 산지, 건조지 등 육지 생태계와 내륙 담수 생태계 및 그 서비스에 대한 보전과 복원, 지속가능한 이용을 확보한다.

**15.2** 2020년까지 모든 형태의 산림을 지속가능한 방식으로 관리하고 벌채를 중단한다. 황폐화된 산림을 복원하고, 전 세계에서 새로운 숲을 대폭 늘린다.

**15.3** 2030년까지 사막화에 대처한다. 사막화, 가뭄, 홍수의 영향으로 황폐화된 토지와 토양을 복원한다. 토지 황폐화를 막기 위해 전 세계가 협력한다.

Travel Stock/Shutterstock.com

**15.5** 자연 서식지의 황폐화를 저지하고 생물다양성 손실을 막는다. 2020년까지 멸종위기종을 보호하고 멸종을 방지하기 위한 긴급하고 의미 있는 대책을 세운다.

**15.8** 2020년까지 외래종의 침입을 막으며 이들이 육지 및 수중 생태계에 미치는 영향을 크게 줄이기 위한 대책을 도입한다. 우선적으로 대처해야 할 외래종을 통제하고 근절시킨다.

### 목표를 달성해야 하는 이유

인간 활동과 기후 변화가 불러온 생태계의 혼란으로 인한 자연재해는 이미 전 세계에 매년 3,000억 달러(약 348조 원)를 넘는 피해를 주고 있습니다. 지속가능한 형태로 숲을 관리하고, 사막화에 대처하며, 토지 황폐화를 막아야 하며 그렇지 않으면 더 많은 문제가 일어날 것입니다.

## 목표 16

**지속가능발전을 위한 평화롭고 포용적인 사회 증진, 모두에게 정의를 보장, 모든 수준에서 효과적이며 책임감 있고 포용적인 제도 구축**

### 세계가 마주한 주요 과제와 문제

● 전 세계 살인 피해자 수는 2015년 인구 10만 명당 5.9명이었지만 2020년에는 5.6명으로 천천히 줄어들고 있습니다. 기록된 살인 피해자 10명 중 8명은 남성이며, 친밀한 파트너나 가족에 의해 살해된 살인 피해자들의 약 60%가 여성과 여자 어린이들입니다.

● 2016년 전 세계에서 파악된 인신매매 피해자 중 30%가 어린이였으며(여자 어린이 23%, 남자 어린이 7%) 인신매매는 대부분 성적 착취와 강제 노동과 관계가 있습니다.

● 2022년 5월 현재, 분쟁, 폭력, 인권 침해, 박해로 인해 강제로 탈출한 사람들의 수는 1억 명을 넘어섰습니다.

● 2030년까지 전 세계 살인율은 2015년보다 19% 감소하여 인구 10만 명당 약 4.8명으로 예상되지만, 여전히 목표한 '상당한 감소'에는 미치지 못합니다.

### 주요 세부 목표

16.1  모든 장소에서 모든 형태의 폭력과 폭력 관련 사망률을 크게 줄인다.
16.2  어린이에 대한 학대, 착취, 매매 등 모든 형태의 폭력과 고문을 뿌리 뽑는다.

**16.3** 국가와 국제 수준에서 법치를 강화하고, 모든 사람들이 법을 공평하게 이용할 수 있게 보장한다.

**16.4** 2030년까지 불법 자금과 불법 무기 거래를 크게 줄인다. 상실된 자산은 회수해서 반환하고, 모든 형태의 조직범죄를 뿌리 뽑는다.

Yasemin Yurtman Candmir/Shutterstock.com

**16.5** 모든 형태의 부패와 뇌물 수수를 크게 줄인다.

**16.6** 효과적이고 책임감 있으며 투명한 공공기관을 만든다.

**16.9** 2030년까지 모든 사람에게 출생 등록을 포함한 법적 신분을 제공한다.

**16.10** 국내법과 국제 협정에 따라 정보에 대한 접근을 보장하고 기본적 자유를 보호한다.

### 목표를 달성해야 하는 이유

SDGs를 달성하기 위해서는 모든 사람들이 어떠한 폭력도 당하지 않고, 민족이나 신념, 성적 지향성에 관계없이 안심하고 생활해야 합니다. 각 나라의 정부와 시민 사회, 공동체가 힘을 합쳐 폭력을 줄이고 정의를 실현하여 부패와 싸워야 합니다.

## 목표 17

# 이행 수단 강화와 지속가능발전을 위한 글로벌 파트너십의 활성화

### 세계가 마주한 주요 과제와 문제

- 2021년 공적개발원조(ODA) 총액은 1,776억 달러(약 182조 원)로 2020년보다 3.3% 증가했습니다. 데이터 및 통계에 대한 공적개발원조는 2020년 6억 5,000만 달러(약 8,716억 원)로 2019년의 6억 6,200만 달러(약 8,877억 원)에 비해 약간 감소했습니다.
- 저소득 국가에서 수출 대비 공공 및 공공 보증 총 부채 서비스 비율은 2011년 3.1%에서 2020년 8.8%로 증가했습니다.
- 인터넷 사용자의 수는 7억 8,200만 명이 증가하여 2021년 전 세계 인구의 63%인 49억 명에 도달했습니다.
- 해외 송금은 저중소득국의 가난한 가정에게는 매우 중요한 수입원입니다. 2021년 저소득 및 중산층 국가로의 송금 흐름은 2020년보다 8.6% 증가한 6,050억 달러(약 811조 원)에 달했습니다.

### 주요 세부 목표

**17.1** 과세와 징세 능력을 높이기 위해 국제 사회가 개발도상국을 지원하여 국내 자원을 쉽게 활용할 수 있게 한다.

**17.3** 개발도상국을 위한 추가 재원을 다양한 출처를 통해 마련한다.

**17.8** 2017년까지 최빈개도국을 위해 기술은행을 전면적으로 운영한다. 더

불어 과학 기술을 혁신하기 위한 역량을 만들어낸다. 정보통신기술(ICT)을 비롯한 핵심 기술 이용을 늘린다.

**17.11** 개발도상국의 수출을 크게 늘리고, 특히 2020년까지 최빈개도국이 세계 수출에서 차지하는 비율을 2배 늘린다.

Travel Stock/Shutterstock.com

**17.14** 지속가능한 발전을 위한 정책의 일관성을 높인다.

**17.15** 빈곤 퇴치와 지속가능한 발전을 위한 정책을 세우고 실시할 때, 각국의 정책 공간과 리더십을 존중한다.

**17.17** 다양한 파트너십 경험과 자원 전략을 토대로 효과적인 공적 파트너십, 공공기관과 민간 사이의 파트너십, 시민사회 사이의 파트너십을 장려하고 추진한다.

### 목표를 달성해야 하는 이유

SDGs는 모든 국가에 '단 한 사람도 소외되지 않기' 위한 행동을 요구합니다. 선진국과 개발도상국 모두가 참여해야 하며 SDGs를 달성하기 위해서는 각 나라의 정부와 시민 사회, 과학자, 학계, 민간 부문이 모두 힘을 합쳐야 합니다.

빈곤, 경제 격차, 인종 차별, 환경 파괴…

지구에는 다양한 문제와 과제가 산더미처럼 쌓여 있어!

이대로 두면 우리가 어른이 되었을 때 지구가 위험해!

어떻게 해야 전 세계 사람들이

좀 더 살기 좋은 지구를 만들 수 있을까?

SDGs의 17개 목표를 통해

어떤 문제와 과제가 해결되어야 하는지

이를 위해 무엇을 해야 하는지 생각해 보자!

## 【색인】

### ㄱ
- 가난의 대물림 · · · · · · · · · · · · · · · · · · · · · · · · · · · 35
- 가정폭력 · · · · · · · · · · · · · · · · · · · · · · · · · 22, 23, 75
- 강제 결혼 · · · · · · · · · · · · · · · · · · · · · · · · · · · · · · · 63
- 강제 노동 · · · · · · · · · · · · · · · · · · · · · · · · · · · · 62, 63
- 경제 개발 · · · · · · · · · · · · · · · · · · · · · · · · · · · · · · · · 5
- 국경없는의사회(MSF) · · · · · · · · · · · · · · · · · · · · 44
- 국제 문해의 날 · · · · · · · · · · · · · · · · · · · · · · · · · · 37
- 국제 빈곤 기준선 · · · · · · · · · · · · · · · · · · 13, 31, 79
- 극빈층 · · · · · · · · · · · · · · · · · · · · · · · · · 13, 14, 15, 31

### ㄴ
- 난민 · · · · · · · · · · · · · · · · · · · · · · · · · 55, 56, 57, 66, 83

### ㄹ
- 레드리스트 · · · · · · · · · · · · · · · · · · · · · · · · · · · · · · 39

### ㅅ
- 사회적 통합 · · · · · · · · · · · · · · · · · · · · · · · · · · · · · · 5
- 상대적 빈곤 · · · · · · · · · · · · · · · · · · · · · · · · 78, 79, 81
- 성격차지수 · · · · · · · · · · · · · · · · · · · · · · · · · · · 70, 71
- 식량 자급률 · · · · · · · · · · · · · · · · · · · · · · · · · · 53, 99
- 식품 손실 · · · · · · · · · · · · · · · · · · · · · · · · · · · · · · · 99

### ㅇ
- 아동 학대 · · · · · · · · · · · · · · · · · · · · · · · · · · 23, 74, 75
- 아동결혼 · · · · · · · · · · · · · · · · · · · · · · · · 18, 19, 76, 77
- 아동노동 · · · · · · · · · · · · · · · · · · · · · · · · · · · · · · · 35
- 아랄 해 · · · · · · · · · · · · · · · · · · · · · · · · · · · · · 100, 101
- 워싱턴협약(CITES) · · · · · · · · · · · · · · · · · · · · · · · 39
- 유니세프(UNICEF) · · · · · · · · · · · 17, 28, 31, 35, 47, 77, 83
- 유엔난민기구(UNHCR) · · · · · · · · · · · · · · · · · 57, 66
- 유엔세계식량계획(WFP) · · · · · · · · · · · · · · · · · · · 86
- 유엔환경계획(UNEP) · · · · · · · · · · · · · · · · · · · · · 104

### ㅇ (cont.)
- 유전자 변형 작물 · · · · · · · · · · · · · · · · · · · · · · · · 103
- 인터넷 · · · · · · · · · · · · · · · · · · · · · · · · · · · · 64, 65, 140
- 인플루엔자 · · · · · · · · · · · · · · · · · · · · · · · · · · · 26, 27

### ㅈ
- 장애인 · · · · · · · · · · · · · · · · · · 84, 85, 108, 115, 126, 128
- 재생에너지 · · · · · · · · · · · · · · · · · · · · · · · 92, 93, 120, 121
- 전자 폐기물 · · · · · · · · · · · · · · · · · · · · · · · · · · · 94, 95
- 절대적 빈곤 · · · · · · · · · · · · · · · · · · · · · · · · · · · 78, 79
- 젠더 · · · · · · · · · · · · · · · · · · · · · · · · · · · · · · · · · · · · 41
- 증오범죄 · · · · · · · · · · · · · · · · · · · · · · · · · · · · · · · · 21
- 지구온난화 · · · · · · · · · · · · · · · · 2, 39, 88, 89, 99, 101, 103, 133
- 지속가능발전목표 · · · · · · · · · · · · · · · · · · · · · · · 2, 4, 5

### ㅍ
- 팔마 비율 · · · · · · · · · · · · · · · · · · · · · · · · · · · · · 80, 81

### ㅎ
- 합리적 배려 · · · · · · · · · · · · · · · · · · · · · · · · · · · 84, 85
- 해양 플라스틱 쓰레기 · · · · · · · · · · · · · · · · · · 91, 103
- 현대판 노예제 · · · · · · · · · · · · · · · · · · · · · · · 61, 62, 63
- 환경 보호 · · · · · · · · · · · · · · · · · · · · · · · · · · · · · · · · 5
- 후발개발도상국 · · · · · · · · · · · · · · · · · · · · · · · 47, 64, 65

### 영단어
- COVAX · · · · · · · · · · · · · · · · · · · · · · · · · · · · · · · · 69
- MSF(국경없는의사회) · · · · · · · · · · · · · · · · · · · · 44
- PM2.5(초미세먼지) · · · · · · · · · · · · · · · · 24, 25, 96, 97
- SDGs(지속가능발전목표) · · · · · · · · · · · · 2, 4, 5, 106, 107
- UNEP(유엔환경계획) · · · · · · · · · · · · · · · · · · · · · 104
- UNHCR(유엔난민기구) · · · · · · · · · · · · · · · · · · 57, 66
- UNICEF(유니세프) · · · · · · · · · · · · · · · · · · · · · 17, 28
- WFP(유엔세계식량계획) · · · · · · · · · · · · · · · · · · · 86

---

### 【참고자료】

- 『어린이를 위한 SDGs』 아키야마 고지로 저, 송지현 역, 스쿨존에듀
- 『60분이면 알 수 있다! SDGs 초입문(60でわかる！ SDGs超入門)』 バウンド, 佐藤寛·監修, 功能聡子·監修, 技術評論社
- 『그림으로 배우는 바로 써먹는 힘 SDGs의 사고법과 내용을 한 권으로 제대로 알 수 있는 교과서(図解即戦力　SDGsの考え方と取り組みがこれ一冊でしっかりわかる教科書)』 バウンド, 技術評論社
- 『데이터로 알 수 있는 2030년 지구의 경고』 후마 겐지, 도서출판 큰그림

SUJIDEWAKARU! KODOMO SDGS CHIKYUGA IMADONNA JOTAIKA WAKARUHON by bound inc.
Supervised by Kojiro Akiyama
Copyright © bound inc., 2021
All rights reserved.
Original Japanese edition published by KANZEN CORP.
Korean translation copyright © 2023 by Schoolzone
This Korean edition published by arrangement with KANZEN CORP., Tokyo, through
HonnoKizuna, Inc., Tokyo, and EntersKorea Co., Ltd.

이 책의 한국어판 저작권은 (주)엔터스코리아를 통해 저작권자와 독점 계약한 스쿨존에 있습니다.
저작권법에 의하여 한국 내에서 보호를 받는 저작물이므로 무단전재와 무단복제를 금합니다.

## 숫자로 배우는 어린이 SDGs

ISBN 979-11-92878-14-0 73300 ‖ 초판 1쇄 펴낸날 2023년 5월 30일
기획 그루터기 ‖ 펴낸이 정혜옥 ‖ 펴낸곳 스쿨존에듀(굿인포메이션) ‖ 출판등록 1999년 9월 1일 제 1-2411호
주소 04779 서울시 성동구 뚝섬로 1나길 5(헤이그라운드) 7층
전화 02)929-8153 ‖ 팩스 02)929-8164 ‖ E-mail goodinfobooks@naver.com

■ 스쿨존에듀, 스쿨존은 굿인포메이션의 자회사입니다. ■ 잘못된 책은 본사나 구입하신 서점에서 바꾸어 드립니다.

도서출판 스쿨존에듀(굿인포메이션, 스쿨존)는 교사, 학부모님들의 소중한 의견을 기다립니다.
책 출간에 대한 기획이나 원고가 있으신 분은 이메일 goodinfobooks@naver.com으로 보내주세요.